Heinrich Preschers

Über den guten Geschmack bei ländlichen Kunst- und Gärten-Anlagen,

und bei Verbesserung wirklicher Landschaften

Heinrich Preschers

Über den guten Geschmack bei ländlichen Kunst- und Gärten-Anlagen,
und bei Verbesserung wirklicher Landschaften

ISBN/EAN: 9783743630642

Hergestellt in Europa, USA, Kanada, Australien, Japan

Cover: Foto ©ninafisch / pixelio.de

Weitere Bücher finden Sie auf **www.hansebooks.com**

Ueber den

guten Geschmack

bei ländlichen

Kunst- und Gärten-Anlagen

und

bei Verbesserung wirklicher Landschaften.

Durch Beispiele erläutert.

Aus dem Englischen.

Leipzig,
in der von Kleefeldschen Buchhandlung.
1798.

Vorrede.

Ich hatte die Absicht, dies unvollendete Werk (und ein solches, befürchte ich, möchte es in jedem Betracht seyn,) nicht eher in Druck zu geben, bis es vollständiger wäre, und bis ich ihm wenigstens mehr Würdigkeit zu geben gesucht hätte, vor den Augen des Publikums zu erscheinen. Dessen ungeachtet bin ich durch die allgemeine Neugierde, die das Gedicht meines Freundes Knight über diesen Gegenstand rege gemacht, verleitet worden, es früher in die Welt zu schicken, als ich wünschte.

Es würde klüger von mir gewesen seyn, wenn ich dem Publiko eine solche Veranlassung nicht gegeben hätte, zu urtheilen, wie viel ich den Ausgießungen der Freundschaft und der

Dichtkunst wegen des großen Compliments, das er mir gemacht hat, Verbindlichkeit beweise; wollte ich nun sagen, was ich bey dem Gedichte meines Freundes fühle, so möchte es das Ansehn eines Gegenkompliments haben; und sollte etwas auf irgend eine Art so ausgelegt werden, so würde es unserer beyderseits gleich unwürdig seyn.

Ich kann aber gleichwohl dem Vergnügen nicht widerstehen, einen für mich sehr schmeichelhaften Umstand zu melden, da er den Grund angibt, warum ich nicht wählen durfte, die Herausgabe dieses Werks zu verzögern. Ich erzählte Knighten, daß ich einige Bogen über den gegenwärtigen Stil der Kunstanlagen geschrieben, die Hoffnung aber aufgegeben hätte, sie jemals zum Druck fertig zu erhalten, ob ich gleich ängstlich darauf dächte, daß das Abgeschmackte des Stils in seiner Blöße dargestellt werden möchte. Darauf faßte er die Idee zu einem Gedicht über eben diesen Gegenstand; und nachdem er alle Materialien hierzu in seiner Seele geordnet hatte, verzögerte oder verließ er nach seiner gewöhnlichen Thätigkeit

Vorrede.

und Beharrlichkeit, die seinen Character so stark bezeichnen, die Ausführung davon nicht eher, bis das Ganze vollendet war. Kurz vor Beendigung desselben schrieb er an mich, und that mir den Vorschlag, (was ich als das größte Compliment und als den stärksten Beweis seines Zutrauens zu meinem Geschmacke betrachte,) daß meine Papiere (wenn sie gehörige Form bekommen,) mit seinem Gedicht herausgegeben werden möchten, auf eben die Art, wie Joshua Reynolds Anmerkungen mit Masons Du Fresnoy erschienen wären.

Ich würde diesen Vorschlag mit einem gewissen Stolze angenommen haben, hätte er in einer frühern Periode gethan werden können; allein meine Arbeit hatte schon zu viel von einer Form und einem Character von Selbstständigkeit erhalten, als daß sie einer andern Sache einverleibt werden konnte, indem wirklich beynahe das Ganze, so wie ich es jetzt herausgebe, schon eine Zeitlang vorher geschrieben worden war.

Dessen ungeachtet schmeichle ich mir, daß, obgleich mein Plan von dem seinigen ganz abgeht, und wir in einigen Nebenumständen nicht genau mit einander übereinstimmen, doch der Hauptzweck so sehr derselbe ist, und unsere Begriffe von Kunstanlagen, im Ganzen genommen, so einander ähnlich sind, daß mein Werk in vielen Punkten zu einem Commentar über das seinige dienen kann, und ich könnte ihm keinen ehrenvollern Gebrauch wünschen. Ich habe daher geglaubt, daß es besser sey, wenn mein Aufsatz in seiner gegenwärtigen Gestalt, da jetzt die Neugierde noch rege ist, erscheint, als in einer minder unvollkommenen, wenn der Gegenstand alt geworden seyn möchte. Ich bin auch der Meinung, daß es in dem Lichte eines Commentars vielleicht mehr Wirkung thut, wenn ein jeder seine eigenen Ideen herausgiebt, (da sie natürlicher weise allemahl das Gepräge der Eigenheit verschiedener Köpfe haben, ob sie gleich auf Einen Hauptendzweck abzielen,) als wenn zwey Werke so geformt werden, daß sie mit einander übereinstimmen und zusammentreffen.

Ich bin während des Drucks dieses Werks bey unzähligen Gelegenheiten in Versuchung gekommen, Stellen aus jenem Gedichte, die **Landschaft**, als die besten und füglichsten Erläuterungen von dem, was ich erklären und beweisen wollte, einzurücken. Allein ich fand, daß so viele Stellen sich mir aufdrängten, und zwar mit so gleichen Ansprüchen, daß ich, hätte ich einmahl angefangen, den Vorschlag meines Freundes umgekehrt und sein Gedicht zu einem Commentar zu meiner Prose gemacht haben würde.

Inhalt
des ersten Theils.

Erstes Kapitel.

Die Gründe, warum ein Anleger die Gemälde sowohl
 als die Natur studiren muß. Seite 6
Die allgemeinen Grundsätze der Mahlerkunst, und der
 Kunst, Anlagen zu machen, sind ein und dieselben. 7
Das gegenwärtige System der Kunst, Anlagen zu machen,
 streitet mit diesen Grundsätzen. 7
Die Art und Weise, wie ein Verehrer oder Bewunderer
 von Brown ein Gemälde von Claude Lorrain wahrscheinlich verbessern würde. 8

Zweytes Kapitel.

Ursachen der Vernachläßigung des Mahlerischen in
 neuern Kunstanlagen. 14
Verwickelung und Mannichfaltigkeit das Characteristische des Mahlerischen; Eintönigkeit und Kahlheit
 der kunstverschönerten Plätze. 14
Eine zwischen Hecken laufender Kunstweg oder Straße. 16
Eine zwischen Hecken laufende Straße in ihrem natürlichen und mahlerischen Zustande. 17
Verschiedene Mittel und Wege, wie eine solche Straße
 wahrscheinlich verbessert werden dürfte. 22
Ein Paar Beyspiele von zwischen Hecken hinlaufenden
 Straßen, die verbessert und verschönert worden
 sind. 24

Inhalt.

Drittes Kapitel.

Allgemeine Bedeutung des Wortes: Mahlerisch. S. 29

Gilpins Definitionen von diesem Worte werden geprüft. 29

Es hat keinen ausschließenden Bezug auf die Mahlerey. 31

Das Schöne und das Erhabene ist eben so wohl als das Mahlerische von der Mahlerey bestimmt und erläutert worden. 31

Vertheidigung des Worts Mahlerischheit. 32

Das Mahlerische ist ein eben so von andern unterschiedener Character, als das Erhabene oder das Schöne. 33

Mahlerische Schönheit ein unschicklicher Ausdruck. 35

Das Mahlerische entspringt von Eigenschaften, die denen der Schönheit gerade entgegen gesetzt sind. 36

Welches diese Eigenschaften sind. 37

Das Mahlerische und Schöne an den Gebäuden. 39

— — — an dem Wasser. 45

— — — an den Bäumen. 47

— — — an den Thieren. 50

— — — an den Vögeln. 54

— — — an den Menschen. 59

— — — an der höhern Classe von Wesen. 61

— — — an den Gemälden. 62

Viertes Kapitel.

Hauptunterschiede zwischen dem Mahlerischen und dem Schönen. 65

— — zwischen dem Mahlerischen und dem Erhabnen. 68

Die Art und Weise, wie sie auf die Seele wirken. 71

Fünftes Kapitel.

Das Erhabne zu schaffen, ist über unsere eingeschränkten Kräfte. — Die Kunst, Anlagen zu machen, hängt daher von dem Schönen und dem Mahlerischen ab. S. 77
Schönheit allein hat man bisher zum Zweck gehabt. 77
Allein sie sind selten unvermischt, und Geschmacklosigkeit ist dadurch entstanden, daß man versucht hat, sie zu trennen. 78
Beyspiel von Vermischung derselben an dem menschlichen Gesichte. 78
— — — — an den Blumen, Sträuchern und Bäumen. 80
— — — — an den Gebäuden. 83

Sechstes Kapitel.

Es ist von einigen in Zweifel gezogen worden, daß Glattheit dem Schönen wesentlich sey. 87
Wirkung der Glattheit und der Rauheit bey Hervorbringung des Schönen und des Mahlerischen, vermittelst des Ruhe und der Bewegung. 88
Ruhe, die eigenthümliche Schönheit von Lorrains Gemälden. 93
Character der Vergnügungen, die aus der Bewegung entspringen. 94
Wirkungen der Ruhe und der Bewegung, wie sie durch Licht und Schatten hervorgebracht werden. 95
Character von Rubens Licht und Schatten. 96
— — von Correggio's — — 98
— — von Claude Lorrains, — und Vergleichung seiner Landschaften mit denen von Rubens. 98

Inhalt.

Siebentes Kapitel.

Masse von Licht und Schatten. S. 102
Halblicht oder Dämmerung. 105
Die Wirkungen der Dämmerung sollten von den Anlegern studirt werden. 107
Schwierigkeit, Masse mit dem Detail zu vereinigen. 109
Masse allein ist nicht hinlänglich, aber dem Detail ohne Masse vorzuziehn. 111
Anwendung des Grundsatzes der Masse auf die Kunst, Anlagen zu machen. 112
Einwendungen, daß die Gebäude zu weiß gemacht werden. 113
Deutlichkeit und Unterschiedenheit. 117

Achtes Kapitel.

Ueber das Schöne, und über das, was man das Mahlerische in Farben nennen könnte. 119
Warum der Herbst, und nicht der Frühling des Mahlers Jahreszeit genennt wird. 121
Die Colorirung der Venetianischen Schule, und insbesondere von Giorgione, Titian und ihren Nachahmern ist nach den glühenden Tinten des Herbsts gebildet. 128
Die von Rubens mehr nach den frischen Farben des Frühlings. 131
Character der Atmosphäre, und der Lichter und Schatten im Frühlinge und im Herbste. 131

Neuntes Kapitel.

Ueber Häßlichkeit. 134
Das Eckige ist nicht häßlich, wenn gleich nicht schön. 134

Ungestaltheit ist gegen Häßlichkeit das, was Mahlerischheit gegen Schönheit ist. S. 136
Häßlichkeit und Ungestaltheit an Hügeln und Bergen. 137
— — — — an Bäumen. 138
— — — — am Grunde. 139
Ungestaltheit am Grunde u. s. w. ist nicht so häufig. 140
Verbindung zwischen Mahlerischheit und Ungestaltheit 141
Häßlichkeit an Gebäudern. 142
— — an Farben. 142
Die Wirkungen der Ungestaltheit und Häßlichkeit werden mit einander verglichen; und durch die Töne erläutert. 143
Wirkungen des Mahlerischen, wenn es mit der Häßlchkeit vermischt ist. 144
Die Uebertreibung der Eigenschaften der Schönheit läuft auf Geschmacklosigkeit, und die Uebertreibung der Malerischheit auf Ungestaltheit hinaus. 146
Anwendung auf die Kunstanlagen. 149
Schönheit, Malerischheit und Ungestaltheit in den andern Sinnen. 149

Inhalt des zweiten Theils.

Erstes Kapitel.

In wie weit die Grundsätze der Malerey bey Kunstanlagen angewendet worden sind. 153

Inhalt.

Kent, einer von den ersten Anlegern nach dem jetzigen System. S. 154
Brown. 156
Der Baumklumpen. 158
Der Gürtel. 160
Der Zugang. — Dieser und der Gürtel werden mit einander verglichen. 161
Die gewöhnliche Methode, Bäume zum Behuf der Schönheit auszulichten, wird betrachtet. 168
Die übeln Wirkungen eines in Baumklumpen gebildeten Zuganges. 169

Zweites Kapitel.

Bäume überhaupt betrachtet. 172
Begleitungen sind bey Felsen und Bergen, und bey jeder Art Grund und Wasser nothwendig. Eine Ausnahme giebts in Absicht aufs Meer. 173
Die Mannichfaltigkeit und Verwickelung der Bäume. 174
Diejenigen, welche merklich voller Blätter sind, werden nicht immer von den Mahlern vorgezogen. — Die Gründe davon. 175
Zierpflanzungen werden am wenigsten von Mahlern bewundert. 177
Die einheimischen Bäume des Landes müssen in den neuen Pflanzungen die Oberhand haben. 177
Baumklumpen oder Flecken Bäume von einer beträchtlichern Größe. 180
Große Kieserpflanzungen haben eine rohe Wirkung, weil sie mit dem einheimischen Holze des Landes nicht harmoniren 184
Ueble Wirkungen des zu dichten Pflanzens. 184

Die Nothwendigkeit eines gehörigen Gleichgewichts in jeder Scenerie, sowohl in Betreff der Form, als der Farbe. S. 185

Die inwendige Seite der dichten Kieferpflanzungen. 186

Verschiedenheit des Characters derselben von dem Character eines Hains von ausgebreiteten Fichten. 187

Kieferpflanzungen schicken sich nicht zu Vermachungen. 188

Eine gewöhnliche Hecke ist oft eine wirksamere Befriedigung; und einige sind ungemein schön. 189

Dies beweist die Nothwendigkeit einer Mischung von Dornsträuchern, Stechpalmen und den niedrigern Gewächsen bey allen Wänden. — Die nehmliche Methode könnte auf alle Zierpflanzungen ausgedehnt werden. 190

Der Nutzen einer solchen Mischung der Gesträuche, wenn eine solche Pflanzung, nachdem sie viele Jahre sich selbst überlassen gewesen, ausgeleuchtet würde. 191

Contrast einer solchen Pflanzung mit einem dichten Gehölz von Kiefern allein. 194

Die Mannichfaltigkeit derselben entsteht nicht bloß von Verschiedenheit der Pflanzen. — Mannichfaltigkeit in Waldungen wird durch einige wenige Sorten erzeugt. 195

Beständige und nicht abwechselnde Verschiedenheit ist eine Quelle und eine Art von Eintönigkeit. 196

Zufall und Vernachlässigung sind die Quellen der Mannichfaltigkeit in unverbesserten Parken und Waldungen. 197

Inhalt.

Die Gründe, warum Rasenflächen im Allgemeinen wenig Mannichfaltigkeit haben, S. 198

Warum eine Rasenfläche in einem Gemälde schlecht aussieht. 199

Warum der schönste Rasenteppich, wenn er von Claude Lorrain gemahlt wird, dessen besten Gemälden nicht gleich kommen würde. 199

Grün und Glattheit, welches von einem Rasenteppich die characteristischen Schönheiten sind, sind ihrer Natur nach mit Eintönigkeit verbunden. 200

Die Anleger haben zu diesem Gebrechen, statt ihm abzuhelfen, beygetragen. 200

Sanfte und anmuthige Farben sind wie sanfte und anmuthige Töne dem bloßen Sinne angenehm; einen Geschmack an kunstmäßigern Verbindungen erwirbt man sich nach und nach. 202

Ein solcher Geschmack schließt nicht den Geschmack für einfache Scenen, und für einfache Melodien aus. 202

Drittes Kapitel.

Ueber die allgemeinen Wirkungen des Wassers in Landschaften. 204

Brown's künstliche Flüsse haben keine Gegenstände des Wiederscheins. 205

Die steifen Schwünge solcher Nachahmungen kontrastiren mit den Verwickelungen und Mannichfaltigkeiten der natürlichen Ufer. 207

Ein Wasserstück mit einem magern grasigen Rande gleicht einer Ueberschwemmung. 209

Kein Anleger hat noch bis jetzt ein künstliches Ufer einem natürlichen gleich zu machen gesucht. 210

Man muß auf die Ufer, und auf Gegenstände des
    Widerscheins sein Augenmerk richten, da ein
    künstlicher Fluß ohne Bewegung seyn muß.   S. 211
Gegenstände des Widerscheins schicken sich besonders
    für stilles Wasser.   213
Bemerkungen über den Ausdruck a fine sheet of
    water.   213
Das große Wasserstück zu Blenheim.   214
Das Wasser unterhalb der Cascade.   220
Beschluß.   225

Ueber

das Mahlerische, in Vergleichung mit dem Erhabnen und Schönen u. s. w.

Erstes Kapitel.

Ich glaube, daß in keinem Lande — China ausgenommen — die Kunst, Anlagen zu machen, so ausgebildet und erweitert wird, als jetzt in England. Ehemahls waren die Verschönerungen eines Platzes bloß auf die Gärten, oder auf einen kleinen Fleck nahe bey der Wohnung eingeschränkt, und der Park ward mit allem seinem hohen und Buschholze in einem Zustande von üppiger Unordnung gelassen: aber jetzt erstrecken sich diese Verschönerungen über einen ganzen Bezirk. Da sie nun dem ganzen Antlitz des Landes ein neues und eigenthümliches Ansehn geben, so ist es wohl der Mühe werth, zu untersuchen, ob sie auch ein natürliches und schönes Ansehn geben, und ob das gegenwärtige System der Kunstanlagen auf lauter richtige Grundsätze des Geschmacks gegründet ist.

Zu Folge dieser Untersuchung wird man natürlich erst nachforschen müssen, ob es einen Maßstab gibt, wornach Werke dieser Art beurtheilt werden können; ob es eine höhere Autorität gibt, als die jener Männer, welche durch dergleichen Werke den größten Ruhm erlangt haben. Ich dächte, es gäbe einen Maßstab und Autoritäten von unendlich höherer Art, nehmlich die Autoritäten jener großen Künstler, welche die Schönheiten der Natur, sowohl in ihren größten und allgemeinsten Wirkungen, als in ihrem kleinsten Detail auf das genaueste studirt, jede Abwechslung der Form und der Farbe beobachtet, und die Fähigkeit, zu wählen und zu verbinden, und dann alle diese mannichfaltigen Schönheiten, durch den Zauber ihrer Kunst, auf die Leinwand zu tragen, gehabt haben.

Allein, so hohe Begriffe ich auch von der Mahlerey in Verbindung mit der Kunst, Anlagen zu machen, habe, so ist doch nichts weniger, als dieses, meine Meinung, (und ich wünschte, der Leser möchte dies wohl beherzigen,) daß ich das Studium der Gemälde vorzüglich vor dem Studium der Natur, viel weniger mit Ausschließung desselben, empfehlen wollte. Wer die Kunst bloß studirt, wird sich angewöhnen, alle Gegenstände auf eine einseitige und pedantische Art zu betrachten, und sie einzig und allein nach den subtilen und besondern Grundsätzen der Kunst beurtheilen, auf welche seine Aufmerksamkeit vorzüglich gerichtet gewesen; und gerade dies war das Verfahren der Anleger. Aber, wenn doch alles auf die Kunst Bezug haben soll, so richte und bilde man sich wenigstens nach dem Muster eines solchen Individuums, dessen Mannichfaltigkeit, gegen die Einförmigkeit der Kunst Anlagen zu machen, zwar unendlich scheint, aber jener großen Mannichfaltigkeit, der Lehrmeisterin aller Kunst, bey weitem nicht gleich kommt.

Es besteht daher der Nutzen des Studiums der Gemälde nicht bloß darin, uns mit den Combinationen und Wirkungen, die in denselben enthalten sind, bekannt zu machen, sondern vorzüglich uns, vermittelst solcher Hauptanführer in der Anordnung, im Aufsuchen der zahllosen und noch nie benutzten Schönheiten der Natur, zu leiten; denn man bekömmt durch das bloße Studium der Kunst einen beschränkten Geschmack, so wie auf der andern Seite einen schwankenden und nicht festen, wenn man nur auf die Natur sein Augenmerk richtet; und in diesem ausgedehntern Sinne würde ich das Italienische Sprüchwort nehmen, „chi s'insegna, ha un pazzo per maestro: Der ist ein Narr, der fremde Erfahrung nicht benutzt."

Man muß also die in den Gemälden enthaltenen Erfahrungen benutzen, aber mit diesen allein sich nicht begnügen, auch nicht einmahl Gemälde von der höchsten Klasse als nothwendige und untrügliche Maßstäbe oder Muster, sondern als die besten und einzigen, die man hat, ansehen, als Arbeiten, welche, gleich den Werken der berühmten klassischen Autoren, durch eine lange ununterbrochene Bewunderung und Hochschätzung, gleichsam zu einem Heiligthum erhoben worden, und die deshalben einen ähnlichen Anspruch haben, auf unsere Beurtheilungskraft zu wirken, und unsern Geschmack in allem, was innerhalb ihres Gebiets liegt, zu bilden. Dies sind die Gründe, warum man die Copien der Natur studiren muß, obgleich das Original vor uns liegt, damit man nicht den in allen Künsten und Wissenschaften so großen und wichtigen Vortheil — die häufigen Erfahrungen vergangener Zeitalter — verscherzet; und damit man, in Hinsicht auf die Kunst, Anlagen zu machen, die Gemälde betrachtet als eine Sammlung von Versuchen über die verschiedenen Mittel und Wege, wie Bäume, Gebäude, Wasser u. s. w. auf die schönste und rührendste Weise, und in jedem Stil, von dem einfachesten und ländlichsten bis zu dem erhabensten und prachtvollsten angelegt, gruppirt und begleitet werden können. Viele von den Gegenständen, die, weil sie gleichsam auf dem Antlitz der Natur zerstreut herum liegen, kaum bemerkt werden, wirken, wenn sie in den engen Raum der Leinwand zusammen gebracht sind, auf das Auge mächtig, und selbiges lernt bey der Gelegenheit, wie man absondern, auswählen und verbinden muß.

Erstes Kapitel.

Wer kann daran zweifeln, daß Shakespeare und Fielding unendlich mehr Vergnügen von der Gesellschaft in allen ihren mannichfachen Gesichtspunkten hatten, als gemeine Beobachter? Ich glaube, es kann eben so wenig bezweifelt werden, als dieses, daß das Lesen solcher Schriftsteller einem Menschen (so scharf und durchdringend auch sein Verstand ist,) nicht allein erweitertere Aussichten der menschlichen Natur überhaupt, als auch eine vertrautere Bekanntschaft mit besondern Characteren verschaffen muß, als er von der bloßen Beobachtung der Natur erhalten haben würde; daß ihn manche Gruppen von Characteren, manche Combinationen von Begebenheiten, die sonst seiner Aufmerksamkeit entgangen wären, durch die Rückerinnerung der Scenen und Stellen aus solchen Schriftstellern, stark rühren werden; daß in allen diesen Fällen das Vergnügen, welches man aus den Ereignissen in der wirklichen Welt schöpft, durch die Aehnlichkeit mit dem, was man gelesen, oder auf der Bühne gesehn, unendlich lebhafter wird. Es wird aber niemand hieraus folgern wollen, daß diese Charactere und Begebenheiten nur deswegen einen innern Werth hätten, weil große und berühmte Schriftsteller von denselben Gebrauch gemacht haben. Die Parallele nun zwischen dieser Instanz und dem Beystande, welchen die Mahlerey bey einer sowohl genauen als vollständigen Betrachtung der Natur leistet, ist so einleuchtend, daß es kaum nöthig ist, sie anzugeben.

Erstes Kapitel.

Ich bin daher überzeugt, daß der Geist derjenigen am meisten unterhalten und vielleicht am nützlichsten beschäftigt wird, „denen die ganze Welt ein Theater ist," welche überall, wo sie gehen und stehen, nicht allein die Charactere aller Individuen, sondern vorzüglich ihre gegenseitige Wirkung auf einander (und Uebung wird ihnen eine schnelle und unmerkliche Fertigkeit darin verschaffen,) bemerken und beobachten. Ein solcher Beobachter wird das, was sich ereignet, nicht in Scenen und Kapitel abtheilen, und nur in so fern Gefallen daran finden, als es einen Beytrag zu einem Roman oder Schauspiel gibt, sondern er wird nach eben den Grundsätzen, als Shakespeare und Fielding, Vergnügen daran finden. Dies scheint mir eine wahre und genaue Darstellung des gegenseitigen Bezugs, den Mahlerey und Natur auf einander haben, zu seyn.

Wäre die Kunst, Anlagen zu machen, so lange Zeit und nach so festgesetzten Grundsätzen, als die Mahlerkunst, ausgeübt worden, und wären unterschiedene Werke von Genie vorhanden, die, wie jene andere Kunstwerke die Probe der Zeitalter ausgestanden hätten, (wiewohl dies wegen des starken Wechsels, den der Wuchs und die Abnahme der Bäume in dem originellen Risse des Künstlers verursachen, schwerlich möglich ist,) so würde es nicht Nothwendigkeit seyn, die Werke der Wirklichkeit nach denen der Nachahmung einzurichten, und jene mit diesen zu vergleichen; allein, nach gegenwärtiger

Erstes Kapitel.

Beschaffenheit der Dinge, sind die einzigen Muster, die der Vollkommenheit sich nähern, und die einzigen bestimmten und festgesetzten Aushebungen aus den Werken der Natur in Vereinigung mit denen der Kunst in den Gemälden und Zeichnungen der größten Meister zu finden.

Es könnte jemand einwenden, es wären manche Gegenstände in der Natur schön und anmuthig, die in der Mahlerey seicht und abgeschmackt erschienen, so wie hingegen andere, die in einem Gemälde von rührender Wirkung sind, doch in der Natur (wenigstens einem gemeinen Beobachter) minder wichtig, oder sogar widerlich vorkämen; allein, wenn auch dies in einzelnen Fällen wahr seyn kann, so sind doch die Hauptgrundsätze der erstern, der Kunst, als: die Anordnung des Ganzen — die Gruppirung einzelner Theile — die Harmonie der Tinten — die Einheit des Characters, auf die letztere gleich anwendbar, ich möchte auch hinzusetzen — ein wesentliches Stück des Mahlers, ob es gleich beym ersten Anblick schwerlich innerhalb der Grenzen des Anlegers zu liegen scheint — Massen und Wirkungen des Lichts und Schattens.

Nichts kann mit allen diesen Grundsätzen, die auf Wahrheit und Natur gegründet sind, in größerm Streit und Widerspruch seyn, als die gegenwärtige Methode, Kunstanlagen zu machen. Ein Mahler, oder jeder, der die Gegenstände mit einem Mahlerauge*) betrachtet, sieht mit Gleichgültigkeit, wo nicht mit Verdruß auf die Baumklumpen oder Baumgruppen, (clumps) Gürtel, (belts) auf die angelegten Wasserstücke, und auf die ewige Glattheit und Einerleyheit eines vollendeten Platzes; ein Anleger hingegen betrachtet diese Dinge als die vollkommensten Verschönerungen, als die letztvollendenden Pinselstriche, die die Natur von der Kunst erhalten kann, und er muß folglich die feinste Anordnung eines Claude Lorrain (ich führe ihn als den zierlichsten und schmuckvollsten unter allen großen Meistern an,) verhältnißmäßig für roh und unvollkommen halten, ob er gleich wahrscheinlich einräumen wird, daß sie, nach Browns Ausdruck, „Capabilitäten" hat.

Niemand, glaube ich, hat noch bis jetzt die Dreistigkeit gehabt, ein Gemälde von Lorrain zu verbessern**), oder wenigstens anzuerkennen; allein,

---

*) Wenn ich von einem Mahler rede, so verstehe ich darunter nicht bloß einen von Profession, sondern einen jeden Menschen (er sey Künstler oder nicht,) von einem guten natürlichen Verstande und einem lebhaften Gefühl sowohl für Natur, als Kunst, und der Gelegenheit und Uebung gehabt hat, beyde mit einander zu vergleichen.

Ein Mensch von einem beschränkten Geiste und geringer Empfindsamkeit, in oder außer einem Berufe, bleibt immer ein schlechter Richter; und vielleicht (wie jener scharfsinnige Critiker, der Abt Du Bos schön erläutert hat,) ein desto schlimmerer, wenn er selbst Künstler ist.

**) Die Erzählung von einem Manne, welcher Vandycks Portraits von seinen Vorfahren verbessert hatte,

Erstes Kapitel.

ich halte es nicht für ungereimt, den Fall anzunehmen, daß jemand, der durch seinen eignen Geschmack, und durch die Autorität eines Schriftstellers, wie Walpole *), völlig überzeugt wäre, daß eine Kunst, die jedem Zeitalter und Himmelsstriche unbekannt war — die Kunst Landschaften zu schaffen, mit meisterhaften Fortschritten zu einer wackern Vollkommenheit vorgerückt sey; daß alles mögliche zur Errichtung einer

war mir immer deswegen auffallend, weil sie vielmehr übertrieben schien; allein, vor einigen Jahren begegnete mir ein ähnlicher Fall, welcher beweist, daß diese Sache bey weitem nicht zu übertrieben ist. Ich besah einmahl mit Gainsborough eine Sammlung von Gemälden; unter andern zeigte uns das Hausweib ein Portrait von ihrem Herrn, das, wie sie sagte, von Joshua Reynolds seyn sollte: wir staunten beyde, denn es hatte nicht bloß der Pinsel und das Colorit, sondern auch der ganze Stil der Draperie und der allgemeine Ausdruck keine Aehnlichkeit mit dessen Manier. Wir fragten das Hausweib umständlicher, und erfuhren, daß ihr Herr alles, außer das Gesicht, von einer andern, ich darf nicht erst hinzusetzen, geringern Hand hatte — nicht, weil die Farben verschossen, wieder anstreichen — sondern ganz und gar ändern, und von neuem sowohl anordnen, als auch mahlen lassen.

Ein solcher würde sich kein groß Gewissen daraus machen, einen Lorrain seinem Platze, so wie sein Portrait einem Popanz, gleich zu machen.

*) Ich kann es kaum für nöthig halten, mich zu entschuldigen, daß ich Lord Orford Walpole nenne; unter diesem Nahmen ist er in der gelehrten Welt am besten bekannt, dem auch seine Schriften einen Ruhm verschafft haben, der weit dem vorzuziehen ist, was ein Erbtitel geben kann.

solchen Landschaftschule, als man in dem übrigen Theile der Erdkugel nicht antreffen könne, gethan, und Miltons Beschreibung des Paradieses nach einem Stück der neuern Gartenkunst kopirt worden zu seyn schiene; — daß ein solcher, voll von Enthusiasmus gegen diese neue Kunst, und nicht zu sehr für die Mahlerkunst eingenommen, Lust hätte, der Welt zu zeigen, was Lorrain hätte seyn können, wenn er den Vortheil gehabt hätte, Browns Werke zu sehn. Der einzige Unterschied, den er zwischen Verbesserung eines Gemäldes und einer wirklichen Scene machen würde, möchte dieser seyn, daß er einen Mahler statt einem Gärtner anstellte.

Am ersten würde ihm der gänzliche Mangel jenes Hauptzuges aller neuern Kunstanlagen — des Baumklumpens auffallen; und er würde natürlicherweise verschiedene derselben an die sichtbarsten Stellen, vielleicht hier und da mit einem Fleck Lerchenbäume, welche in der Gestalt und Farbe mit den Schottischen Fichten einen starken Contrast machen, setzen lassen. Sein Auge, das gewohnt ist, selbst die natürlichen Gruppen von Bäumen in Anlagen so abgesondert und trüppelweise, als möglich zu zu setzen, würde beleidigt werden, wenn es sähe, daß unter denen von Lorrain einige von Gebüschen und Dickigt ganz umgeben, andere halb versteckt sind, andere ganz allein stehen, durch dieses Dickigt aber, oder durch einzelne Bäume mit andern Gruppen von mancherley Größe und Gestalt zusammen-

Erstes Kapitel.

hängen. Da müßte alle der Schutt weggeräumt *), der Grund überall ganz glatt und eben gemacht werden, und jede Gruppe auf dem Grase vollkommen deutlich und abgesondert bleiben. Da er gewohnt ist, alle entfernte Gebäude weiß zu machen, so werden ihm die von Lorrain wegen der Wirkung seiner sanft dunstenden Atmosphäre zu undeutlich erscheinen; der Mahler würde also befehligt werden, denselben ein stärkeres helleres Ansehn, das auch etwa den nächsten Gebäuden mitgetheilt werden könnte, zu geben. — Es sind wenig moderne Häuser oder Ziergebäude so zwischen den Bäumen angebracht, und von denselben zum Theil versteckt, daß sie von der Geschicklichkeit des Baumeisters oder dem Aufwande des Eigenthümers viel verbärgen; allein, bey Lorrain stehen nicht allein Ruinen, sondern selbst Tempel und Palläste oft so mit den Bäumen untermischt, daß die Wipfel über den Balustraden hängen, und die üppigen Zweige zwischen den Oefnungen der prachtvollen Säulen und Gallerien hervorschießen: da er es nun nicht wird leiden können, daß seine eigne Gebäude so vermummt sind, so wird es ihm auch an denen von Lorrain nicht gefallen; und der Mahler würde die Kühnheit haben, jene üppigen Zweige, und alles, was den vollkommenen Pro-

---

*) Ich will nicht damit sagen, daß man gar nichts wegräumen sollte; vielmehr trägt ein gehöriger Grad und Stil der Wegräumung eben so viel zur Schönheit und Wirkung, als zur Sauberkeit bey. Doch davon werde ich künftig mehr sagen.

spekt verbauete, wegzustreichen, und sorgfältig die versteckten Zierrathen wieder hervor zu ziehen. — Was sowohl einem Platze, als Gemälde erst Vollständigkeit gibt, ist Wasser: bey Lorrain nimmt es an dem allgemeinen sanften Wesen und geschmückten Ansehn seiner Scenen Theil, und die Begleitungen haben vielleicht weniger von Rohheit *), als bey jedem andern Meister; aber in Vergleich mit denen von einem angelegten Wasserstück oder durch die Kunst verschönerten Flusse sehen seine Ufer völlig wild aus; an einigen Stellen sind sie mit Bäumen und Sträuchen, die über dem Wasser hängen, überdeckt, und am Rande des Wassers befinden sich Binsenbüsche, große Steine und Baumstümpfe; der Grund der Ufer ist bald glatt und eben, bald gebrochen und abstürzig, und hält selten eine Strecke lang einerley Gleichheit mit dem Wasser: es sind da keine Krümmungen, die einander entsprechen; kurz, nichts, das dem ähnlich ist, was er zu bewundern und zu schätzen gewohnt ist; und der Mahler würde

---

*) Einer von meinen Landsleuten bemerkte einmahl, daß das Wasser in der Colonna Claudina ein zu künstliches und geschmücktes Ansehn hätte. Ein Franzos, der auch dies Gemälde betrachtete, rief aus: »Cependant, Monsieur, on pourroit y donner une si belle fête.« Dies war recht characteristisch von dieser aufgeweckten Nation, es ist es aber auch von einer Menge von Lorrains Gemälden. Sie haben ein air de fête vor allen andern; und keines andern Mahlers Werke sollten in Ansehung der überaus kunstreichen und doch mannichfaltig abwechselnden Natur so studirt werden.

Erstes Kapitel.

mit ein paar Strichen seines Pinsels das Ufer auf beyden Seiten zu Einer Ebene, zu Einem Grün umschaffen; Krümmungen einander entsprechend machen, ohne daß ein Strauch oder Baum das Auge an dem Genusse der einförmigen Glattheit und Grüns, und an dem ununterbrochenen Verfolg des in einem fortgehenden Schwungs der Schlangenlinien hinderte; — den Vorgrund ein wenig poliren und glätten, das würde die letzten Striche der Verbesserung ausmachen, und so das Gemälde ganz vollenden.

Es ist gewiß niemand, der nur einige Bekanntschaft mit der Mahlerey hat, der nicht zugleich Vergnügen zu genießen wünschte, wenn er Mißvergnügen empfindet über die schwarzen und weißen Flecke — über das nackte Wasser — die nackten Gebäude — die zerstreuten nicht zusammenhängenden Gruppen von Bäumen, und über alle die groben und augenscheinlichen Verstoße gegen alle Grundsätze der Kunst: und das ist gleichwohl, ohne daß ich die Sache übertreibe, die Methode, nach welcher viele Scenen, die Lorrains Pinsels würdig waren, verbessert worden sind. Ist es denn möglich zu denken, daß die Schönheiten der Nachahmung von denen der Wirklichkeit so verschieden, ja so völlig mit ihnen in Widerspruch wären, daß das, was ein Gemälde verunstaltet und lächerlich macht, schön und zierlich würde, wenn man es in der Natur anwendete?

Zweites Kapitel.

Es scheint mir, als wenn die Vernachlässigung alles dessen, was mahlerisch ist, welche in den Werken der neuern Anleger herrschet, ihrer ausschließenden Aufmerksamkeit auf höchst glatte und fließende Linien zuzuschreiben sey. Sie beschäftigen sich mit Betrachtung ihrer Reitze so sehr, daß sie zwey der fruchtbarsten Quellen des menschlichen Vergnügens übersehen; erstlich, jene große und allgemeine Quelle des Vergnügens — Mannichfaltigkeit, deren Macht zwar nicht auf Schönheit beruht, ohne welche aber doch Schönheit selbst zu gefallen aufhört; hernach — Verwickelung, eine Eigenschaft, die, obgleich von Mannichfaltigkeit unterschieden, doch mit derselben so verknüpft und vermischt ist, daß die eine ohne die andere schwerlich bestehen kann.

Nach dem Begriffe, den ich mir gebildet habe, könnte man Verwickelung definiren, daß sie sey — diejenige Anlage der Gegenstände, welche durch eine partiale und unbestimmte Verbergung *) Neugierde

---

*) Viele Menschen, die die Verwickelung an Eichen, Buchen und Dornsträuchern wenig kümmert, mögen wohl bey interessantern Gegenständen die Wirkungen der partiellen Verbergung fühlen, und erfahren haben, wie verschiedentlich die Leidenschaften bey einer offenen stechen Enthüllung der Schönheiten, und bey der un-

Zweites Kapitel. 15

erregt und unterhält. Mannichfaltigkeit erfodert kaum eine Definition, ob man gleich wegen des Verfahrens vieler Anleger glauben sollte, daß es nöthig wäre. Ueberhaupt dünkt es mir, daß, so wie Verwickelung in der Anlegung, und Mannichfaltigkeit in den Formen, Tinten, Lichtern und Schatten der Gegenstände die wesentlichen Hauptunterscheidungsmerkmahle der mahlerischen Scenerie sind, eben so Eintönigkeit und Kahlheit die Hauptmängel der Kunstanlagen ausmachen.

Nichts wird diese Sache in so ein helles Licht setzen, als eine Vergleichung einer gewöhnlichen Scene in ihrem natürlichen und mahlerischen Zustande mit dem, was sie in dem nach den gegenwärtigen Grundsätzen der Gartenkunst verbesserten Zustande seyn würde. Alle Mahler, welche die beschränktern Naturscenen nachgemacht, haben gern von alten vernachläßigten Feld- und Hohlwegen mit Einzäunungen Studien gemacht; und vielleicht sind wenige Plätze, die in so einem engen Bezirk eine größere Mannichfaltigkeit von der Art Schönheit haben, die man mahlerisch nennt; aber, ich glaube, die Beyspiele von Mahlern sind rar, welche sich frey-

bemerkten Nachläßigkeit, welche zuweilen der sorgsamen Bescheidenheit entgeht, und die die Coquetterie so glücklich nachahmt, erregt werden:

Parte appar delle mamme acerbe et crude,
Parte altrui ne ricuopre invida veste;
Invida si, ma se agli occhi il varco chiude,
L'amoroso pensier gia non s'arresta.

willig von diesen weg, und zu eines Guthsbesitzers Spatzier- oder Fahrweg, der entweder zwischen künstlichen Ufern angelegt, oder wo die natürlichen Seiten und Ufer durch Anlagen verbessert worden, gewendet haben. Ich werde mich bemühen, zu untersuchen, wo es herkömmt, daß ein mahlerisches Auge auf das, was allgemein bewundert wird, kalt und gleichgültig sieht, und tausend interessante Gegenstände da entdecket, wo ein gemeines Auge nichts als Fahrgeleisen und Schutt erblickt; und ob das Vergnügen des einen, und die Gleichgültigkeit des andern von den Ursachen, die ich angezeigt habe, entspringt.

Was uns bey einem zwischen Hecken durchlaufenden Wege von der Art am ersten rührt und in die Augen fällt, ist vielleicht seine Verwickelung; jeder geschlängelte Weg muß in der That nothwendig einen Grad von Verwickelung (besonders wo Ufer sind,) haben; aber bey einem Kunstwege scheint jede Bemühung der Kunst wider diese Beschaffenheit des Grundes gerichtet zu seyn. Die Seiten sind so regelmäßig abhängig, so regelmäßig angepflanzt, und der Raum zwischen diesen und dem Wege (wenn einer da ist,) so einförmig geebnet, die Schwünge des Weges so sichtbar künstlich, die Grasränder, die ihn begrenzen, so fein geschliffen; kurz, das Ganze hat ein solches Ansehn, gleichsam nach einem Recept gemacht worden zu seyn, daß Neugierde, dieser thätigste Grundsatz des Vergnügens, beynahe ganz unterdrückt wird.

Aber

Zweites Kapitel.

Aber in jenen Defileen und Feldwegen durch grüne Hecken befördern alle Hauptzüge und tausend Umstände im Kleinen die natürliche Verwickelung des Grundes; die Wendungen sind plötzlich und unvorbereitet; die Ufer bald gebrochen und abstürzig; bald glatt und sanft, aber nicht einförmig abschüßig; bald mit Dickigt von Bäumen und Gesträuchen wild überhangen; bald mit Gehölze locker besetzt; es ist da keine regelmäßige Rasengrenze, keine geschnittenen Ränder, keine deutlichen Grenzlinien; alles ist mit einander vermischt und verwebt, und selbst *) der Fußsteig neben dem Fahrwege, der bloß durch den Tritt der Fußgänger und Thiere seine Gestalt bekommen, ist so ungezwungen, als die Fußtapfen, die ihn bildeten; sogar die Geleisen der Räder (denn kein Umstand ist unbedeutend und gleichgültig,) tragen zur mahlerischen Wirkung des Ganzen mit bey;

---

*) Man bemerke, daß allemahl eine solche Trennung der allgemeinen Bedeckung der Oberfläche, (entweder des Grases, oder des Mooses, Heidekrauts u. dergl.) welche den Boden entblößet, wenn sie durch die Wirkung des Wassers, Frostes, oder durch den Tritt der Thiere gebildet worden, von jenem scharfrandigen, geschnittenen, schnurförmigen Ansehn frey ist, welches der Spaden zurückläßt, und das Mannichfaltigkeit und Verwickelung unter allen Dingen am meisten zernichtet: dies, glaube ich, gibt den Grund an, warum die Mahler so viel Anhänglichkeit an dem, was man gebrochenen oder vom Rasen entblößten Grund nennt, und an den natürlichen Ufern der Flüsse, hingegen gegen die des künstlichen Wassers so viel Geringschätzung beweisen.

die Linien, die sie beschreiben, sind voller Mannichfaltigkeit; sie bezeichnen genau den Weg zwischen den
Bäumen und Gebüschen, während eine Hinderniß,
als ein Dorngebüsche, ein Gnisterbusch, oder sonst
ein Busch, ein großer Stein die Räder zu plötzlichen
und verwickelten Wendungen nöthigt; zugleich tragen diese Hindernisse, indem sie die vorigen entweder
ganz oder zum Theil verbergen, zu dieser Mannichfaltigkeit und Verwickelung bey; oft ist ein Grupp
Bäume oder ein Dickigt Veranlassung, daß der
Weg sich in zwey Theile trennt, und in der Mitte
gleichsam eine Insel läßt, und diese *) und unzählige andere Umstände haben die Mahler beständig
benutzt.

Es ist sonderbar, daß manchmahl die rührendste
Mannichfaltigkeit der Form, der Farbe und des Lichts
und Schattens sowohl in diesen, als in vielen andern
Scenen dem unvernünftigen Hauen des Bauers, ja
selbst der Abnahme, die dadurch verursacht wird, zuzuschreiben ist; indem gegen das nackte kahle Ansehn
der elenden gefesselten Bäume von der Pflanzung
eines Guthsbesitzers, die gerade und sogar zusammen

---

*) Es ist unbegreiflich, wie sehr die mannichfaltigen
Fahrgeleisen in den Waldungen in allen ihren Richtungen durch das wilde Buschholz und zwischen den
Stämmen alter Bäume die Verwickelung und das
verworrene Ansehn der Scenerie vermehren; eine
Wirkung, welche gänzlich zernichtet seyn würde, wenn
die Geleisen ganz glatt und eben gemacht würden,
und ein Sandweg mit sanften Schwüngen an ihre
Stelle käme.

Zweites Kapitel.

aufgezogen worden, sich oft eine Art von Geist und
Leben in der Art und Weise befindet, wie alte ver-
nachläßigte gekappte Bäume ihre unermeßlichen
Aeste ganz kreutzweis über einen von diesen Hohlwegen, und in jeder wilden und regellosen Richtung
ausstrecken: an einigen vermehren die großen Kno-
ten und Knorren das Höckerichte ihrer gewundenen
Stämme; bey andern verursachen die tiefe Hohlung
der inwendigen Seite, die Moose an der Rinde, das
reiche Gelb des Zunderholzes und die Schwärze der
immer mehr abnehmenden Substanz eine solche
Mannichfaltigkeit der Tinten, der starken und sanften Lichter, und der tiefen und besondern Schatten,
als der schönste Nutzholzbaum (so schön er in andern
Rücksichten auch ist,) mit aller seiner gesunden und
blühenden Beschaffenheit nicht darreichen kann.

Diese sorglose Methode zu hauen, nachdem
gerade der Landmann einige Stangen oder Pfähle
braucht, verschafft dem ganzen Umrisse der Ufer
unendliche Mannichfaltigkeit: neben einer von den
„unspaltbaren und knorrigen Eichen" hebt sich die
schlanke elegante Form einer jungen Büche, Esche
oder Birke, die der Art entgangen, empor, und
derselben dünne Rinde und lichtes Laub erscheinen
noch zarter und heller, wenn man sie seitwärts gegen
die rauhe Rinde und das dickklumpichte Haupt der
Eiche betrachtet. Bisweilen erhebt sie sich allein von
dem Ufer, bisweilen unter einem Gebüsche prächtiger
Stechpalmen oder wilder Wacholdersträuche hervor;

manchmahl wird ihr lichter und gerader Stamm von den hervorragenden Cederähnlichen Zweigen des Eibenbaums umfaßt.

Selbst der Grund bey diesen Wegen ist so mannichfaltig in Ansehung der Form, Tinte, des Lichts und Schattens, als die Pflanzen, die darauf wachsen; dies ist, anstatt daß man es der Kunst zuschreiben könnte, vielmehr durch Zufall und Vernachlässigung verursacht worden. Die Winterströme spülen an einigen Plätzen die Dammerde von der Oberfläche weg, und bilden Hervorragungen von mancherley Gestalten, die wegen der Fettigkeit des Bodens durchgängig mit den geilsten Pflanzen bereichert sind; an andern Orten reißen sie die Ufer zu tiefen Höhlen, und entblößen die verschiedenen Erdschichten *) und die zottichten Baumwurzeln. Diese Höhlen werden häufig mit wilden Rosen, Geisblatt, Sinngrün und andern rankenden Pflanzen überwachsen; deren Blumen und hängende Zweige, wenn sie locker über einem der Schlupfwinkel hängen, gegen dessen tiefen Schatten abstechen, und mit den wunderlichen Baumwurzeln und den abwechselnden Tinten des Erdreichs vermischt sind, eine ganz verschiedene Wirkung von denen haben, die zu Büschen geschnitten sind, oder längst dem einförmigen Ab-

---

*) Gilpin hat in seinen Bemerkungen über den Fluß Wye die Mannichfaltigkeit des gebrochenen Grundes und der Farben der verschiedenen Erdschichten mit seiner gewöhnlichen Genauigkeit beschrieben.

Zweites Kapitel.

schuß eines gemäheten oder aufgegrabenen lustgebüsches hinlaufen. Im Sommer geben diese kleinen Höhlen eine kühle Zuflucht für die Schafe; und man kann sich nicht leicht einen schönern Vorgrund denken, als der ist, welcher durch die verschiedenen Gruppen derselben in einem von diesen Wegen gebildet wird; einige weiden auf den Rasenflecken, die in den weitern geräumigen Plätzen zwischen dem Farrenkraut und den Gebüschen liegen; andere liegen in den Nischen, die sie sich an den Ufern zwischen den Baumwurzeln eingedrückt, und zu welchen sie viele Pfade an der Seite lang hin gemacht haben; andere ruhen in den tiefen Schlupfwinkeln, als ihren Lauben „mit einem Himmel von süßem Hagedorn überdeckt."

Nahe beym Hause muß in manchen Fällen mahlerische Schönheit der Sauberkeit aufgeopfert werden, allein es ist eine Aufopferung, und sollte nicht muthwilligerweise geschehen. Ein Sandweg kann nicht die belustigende Mannichfaltigkeit eines Feldwegs haben; es muß eine Grenze für den Sand seyn, und diese und die Schwünge müssen größtentheils regelmäßig, und folglich steif seyn. Dessen ungeachtet bin ich überzeugt, daß viele Umstände, welche einem wilden sich selbst überlassenen Platze Mannichfaltigkeit und Leben verschaffen, in einem Kunstverschönerten Platze mit gutem Erfolge nachgeahmt werden können; man muß es aber mit Beobachtung der Grundsätze thun, und nicht bloß die besondern Umstände nachbilden. Es ist nicht nothwendig, zu einem Sandgange oder Wege, von einem Schafpfade oder einem Wagengeleise das Modell zu nehmen, ob man gleich sehr nützliche Winke von diesen beyden Dingen nehmen kann; und wenn auch keine Kletten oder Disteln sich vor einer Thüre befinden, so kann doch ihre Wirkung, in eines Mahlers Vorgrunde, durch Pflanzen, die man als schön und zierlich betrachtet, hervorgebracht werden. Eben so bin ich überzeugt, daß man jenen Wegen ein Kunstansehn geben kann, ohne ihre eigenthümlichen und characteristischen Schönheiten zu zernichten.

Ich habe wenig von der höhern Mannichfaltigkeit und Wirkung des Lichts und Schattens in Scenen dieser Art gesagt, weil dieses natürlicherweise auf Mannichfaltigkeit der Formen und Massen, und auf Verwickelung der Anlage folgen muß. Ich wünschte gern, aller Umständlichkeit, die mir zur Erklärung oder Erläuterung allgemeiner Grundsätze nicht nöthig scheint, auszuweichen; doch, wenn allgemeine Grundsätze so roh ohne Beyspiele vorgetragen werden, so sind sie nicht bloß trocken, sondern auch dunkel, und machen keinen Eindruck.

Es sind verschiedene Wege, auf welchen man einen Platz von dieser Art neben eines Guthsbesitzers liegenden Gründen ungefähr verbessern und verschönern könnte; denn selbst bey der Eintönigkeit der Kunstanlagen gibt es eine Mannichfaltigkeit des Schlechten. Einige würden etwa die alten gekapp-

ten Bäume fällen, das Gesträuche wegräumen, und
nur die jungen Bäume oder Stammladen stehen lassen; andere möchten das Ganze anpflanzen; wieder
andere alles ausreuten, und auf beyden Seiten ein
Lustgebüsche machen; andere, Baumklumpen von
Sträuchen oder Fichten anlegen; es gibt aber eine
Kunstanlage, die ich befürchte, daß sie alle diejenigen, welche nicht gewohnt sind, die Gegenstände mit
einem Mahlerauge anzusehen, annehmen könnten,
und die allein den Character des Platzes gänzlich vernichten würde; und das ist, das Glatt- und Gleichmachen *) des Grundes: von Stund an, als diese

*) Gleichmachen (to level) heißt in einer sehr gewöhn-
lichen Bedeutung des Worts: allen Unterschied auf-
heben; ein Grundsatz, der, wenn er allgemein würde,
und durch einen entschiedenen Verbesserer der Plätze
oder der Regierungen in Gang käme, solch Unheil
anrichten würde, als die Zeit späte, wenn jemahls,
wieder gut machen könnte, und kaum von Monarchen
fürchterlicher wäre, als von Mahlern.
Eine gute Landschaft ist diejenige, in welcher alle
Theile frey und ungezwungen sind, und, obgleich
einige hervorragend und stark beleuchtet, andere stark
beschattet und zurückweichend, einige rauh, andere
mehr glatt und polirt sind, doch insgesammt zur
Schönheit, Ausdruck und Harmonie des Ganzen
nothwendige Theile sind. Ich weiß nicht, wie eine
gute Regierungsform genauer definirt werden könnte;
und so wie diese Definition auf jeden Stil der Landschaft paßt, von dem ungekünsteltesten und einfach-
sten, bis zu dem prächtigsten und verwickeltesten, und
bloß das gezwungene kahle Wesen und Verwirrung
ausschließt, eben so schickt sie sich auch auf alle freye
Regierungsverfassungen, und schließt Anarchie und
Despotismus aus. Man muß aber immer bedenken,

mechanische, einem locus communis ähnliche Operation (durch welche Brown und seine Anhänger so viel Ruhm erworben) ihren Anfang nahm, war es um alles, was der Mahler bewundert, geschehn — alle Verwickelung war hin — alle schöne Mannichfaltigkeit der Form, Tinte und des Lichts und Schattens; jeder tiefe Schlupfwinkel — jede kühne Hervorragung — die seltsamen Baumwurzeln — die geschlängelten Pfade der Schafe — alles mußte fort; in wenig Stunden riß die rasche Hand des falschen Geschmacks völlig nieder, was die Zeit allein und tausend glückliche Umstände zur Reife und Vollkommenheit bringen kann, so daß es Bewunderung und Studium eines Ruysdael oder eines Gainsborough wird.

Ich hatte neulich Gelegenheit, die Kunstanlage oder Verbesserung zweyer zwischen Hecken durchlaufenden Straßen in ihrem Fortgange in der einen, und in ihrer Wirkung in der andern zu beobachten, die beyde unglücklicherweise an Luststücke von Guthsbesitzern grenzten. Die eine hatte an einer Seite ein hohes Ufer, das voll von den Schönheiten war, die ich beschrieben habe; es fiel mir besonders eine Buche, die ganz allein auf einem Platze desselben stand, und die Wirkung und der Character in die

---

daß Despotismus der vollkommenste Gleichmacher ist; und derjenige, welcher um sein majestätisches Wohngebäude alles wegräumt und gleich macht, kommt mir vor, als wenn er recht eigentlich Turkische Grundsätze von Verbesserung hätte.

Zweites Kapitel.

Augen, die ihre ausgebreiteten Wurzeln *) sowohl dem Ufer als dem Baume selbst ertheilten. Die Schafe hatten auch ihre Pfade längst den Seiten zu diesem Orte gemacht, und lagen oft in den kleinen Fächern zwischen den Wurzeln. Eines Tages traf ich eine große Menge Arbeiter an, welche Erde auf diesen Platz fuhren; nach und nach füllten sie alle Ungleichheiten aus, und überdeckten ganz die Wurzeln und Pfade; man hätte sollen glauben, sie arbeiteten unter der Aufsicht eines Unterofficiers **) an

---

*) Es befindet sich etwas ungemein mahlerisches und characteristisches an den starken Wurzeln der Bäume, und an keinen mehr, als an denen der Buche; es scheint, als wenn sie sich an der Erde mit ihren Drachenklauen fest hielten; auch eine ungeheure Erde, deren Hauptwurzeln sich vom Stamme stark zertheilen, zeigt, von welcher Beschaffenheit die Niete sind, die sie vermögend machen, dem Sturme zu trotzen, et quanta radice ad Tartara tendit.
Wenn diese Wurzeln nach jener herrschenden Mode, alles glatt und eben zu machen, zugeworfen werden, so sehen die Bäume, wie ein abscheulich großer Pfahl, der in die Erde geschlagen ist.

**) Diese würdigen Schanzgräber, ihr Geschäfte und ihre Leute werden in zwey Versen vom Tasso sehr treffend beschrieben, besonders, wenn das Wort Verderber (guastatori) in seiner gewöhnlichen Bedeutung genommen wird:

Inanzi i guastatori avea mandati
Ivuoti luoghi empir', et spianar gli erti.

Dies ist ein sehr vollständiges Recept, einen mahlerischen Platz zu verderben, und wegen dieses' so allgemein angenommenen militarischen Stils, und weil man alles so frey und offen macht, könnte man auf

einer Verschanzung; denn sie hatten dieses mannich⸗
faltig abwechselnde Ufer in ein vollkommenes Glacis
verwandelt, bloß die Rasen waren weggelassen.
Doch hatten sie die herbeygefahrne Erde zu einer Art
Mörser verarbeitet, und von oben bis unten so glatt
gelegt, als es ein Maurer mit seiner Kelle thun
würde. Wegen der großen Anzahl Arbeiter, der
Menge herbeygefahrner Erde, und der Niedlichkeit,
mit der man arbeitete, glaube ich gewiß, daß dieses
Werk vorzüglich um der Schönheit willen vorgenom⸗
men wurde.

Von der andern eingezäunten Straße habe ich
den kunstverschönerten Theil nie in seinem ursprüng⸗
lichen Zustande gesehn, aber nach dem zu urtheilen,
was man liegen gelassen, und der Nachrichten zu
Folge, die ich davon hörte, muß er vortrefliche
Studien für einen Mahler dargereicht haben. Die
Ufer sind höher, und die Bäume stärker, als in der
andern, und ihre Zweige, die sich von einer Seite
zur andern erstrecken, „bilden hoch über einander ge⸗
wölbt ihre Belaubung.“

die Gedanken kommen, unsere Anleger befürchten,
es möchte ein Feind zwischen den Gebüschen einer
Sandgrube im Hinterhalte liegen, oder in einer ver⸗
wickelten Baumgruppe lauren. In dieser Rücksicht,
muß man gestehen, hat der Baumklumpen unend⸗
liches Verdienst; denn außer seinem dichten soldaten⸗
mäßigen Ansehn, kann man ihn von allen Seiten
beschießen, und den Feind leicht aus seiner Stellung
bringen.

Zweites Kapitel.

Der Gärtner des benachbarten Platzes erzählte mir ein langes und breites von den starken häßlichen Wurzeln, die über dem Grunde hervorguckten, von den großen Höhlen, worin die Schafe gewöhnlich lagen, und von dem vielerley Gesträuche, das um diese zu wachsen pflegte. — Der neue Besitzer ließ, so weit sein Eigenthum gieng, alles ausfüllen und wegräumen und reinigen; und damit alles regelmäßig aussähe, setzte er an dem Fuße des Ufers auf beyden Seiten, als eine Grenze für den Weg, eine Reihe weißer Pfähle, und zunächst seinem Hause führte er gegen das alte Ufer zu eine Torfmauer so gerade auf, als sie gut stehen konnte, und pflanzte in der Mitte dieser Torfmauer eine Reihe Lorbeerbäume: gewöhnlich beschnitt der Gärtner diese Lorbeerbäume ganz flach oben, und das Vieh, welches über die Pfähle reichte, und die untern Schößlinge, so weit sein Biß gelangen konnte, abfraß, erhielt es unten so eben, daß es in der Mitte einen hervorragenden Klumpen vorstellte, und gerade so ein mahlerisches Ansehn hatte, als eine buschichte Peruque, wenn sie zwischen dem Hut und dem Kragen gedrückt wird. Ich muß noch mit anführen, daß diese zwey Beyspiele von Kunststraßen nicht in einer entlegenen Grafschaft, sondern innerhalb dreyßig Englische Meilen von London, und in einem Bezirke, der voller kostspieligen Verschönerungen ist, anzutreffen sind.

Ich besorge, manche meiner Leser werden denken, ich wäre eine große Strecke weit durch diese eingezäunten Straßen gegangen; allein man kann das meiste von dem, was mahlerische Schönheit ausmacht, und was selbige zernichtet bey diesen Straßen und bey alten vernachläſſigten Steinbrüchen, und Kreide- und Sandgruben an einem kleinen Raum, und an Orten, dahin man sich leicht begeben kann, sehr gut durch Beyspiele erläutern; auch die Urſachen so deutlich angeben und mit so gutem Erfolge studiren, als wenn die höhern Stile deſſelben zwiſchen Waldungen, Felſen und Bergen (wo es oft mit dem Erhabnen vermiſcht) dargeſtellt werden.

Drittes Kapitel.

Es sind wenig Wörter, deren Bedeutung man in einem so geringen Grade von Genauigkeit bestimmt hat, als das Wort Mahlerisch.

Ueberhaupt, glaube ich, wird es von jedem Gegenstand und jeder Art Scenerie gebraucht, welche in der Mahlerey jedesmahl mit guter Wirkung ohne Ausnahme vorgestellt worden ist oder werden kann. Aber, als ein besonderer Character betrachtet, hat man es noch niemahls genau von dem Erhabnen und Schönen unterschieden; obgleich ein solcher Unterschied, da noch niemand jemahls behauptet, daß diese Dinge gleichbedeutend wären, (denn es wird bisweilen im Gegensatz derselben gebraucht,) da seyn muß.

Gilpin, aus dessen überaus scharfsinnigen und weitläuftigen Bemerkungen über diese Materie ich viel Vergnügen und Belehrung erhalten, hat selbst diesem gewöhnlichen Begriffe seine Bestätigung gegeben, wenn er mahlerische Gegenstände als solche definirt *), „welche wegen einer Eigenschaft, die in Gemälden erläutert werden kann, gefällt," oder, wie er es noch einmahl in seinem Briefe an Joshua

---

*) S. Gilpins Versuch über mahlerische Schönheit.

Reynolds definirt, „solche Gegenstände, die für die Mahlerey geschickte Subjecte sind." Allein es scheinen mir diese Definitionen (was vielleicht als ein Widerspruch scheinen kann,) zugleich zu weit und zu enge zu seyn; denn ob man gleich nie erwarten darf, daß eine Definition so genau und vollständig sey, daß sie sowohl die Stelle ersetzet, als auch die Probe einer genauen Untersuchung aushält, so ist sie doch, wenn sie nicht einigermaßen die zu definirende Sache von allen andern unterscheidet, von jeder allgemeinen Wahrheit über dieselbige Materie wenig unterschieden. Zum Beyspiel, es ist sehr richtig, daß mahlerische Gegenstände wegen einer Eigenschaft, die in Gemälden erläutert werden kann, gefallen; aber die nehmliche Bewandniß hat es mit jedem Gegenstande, der in Gemälden vorgestellt wird, wenn er überhaupt gefällt, sonst würde er nicht gemahlt worden seyn; und daraus müßte man schließen, (was gewiß nicht gemeint ist,) daß alle Gegenstände, welche in Gemälden gefallen, deswegen mahlerisch sind; denn es ist da kein Unterschied oder Ausnahme gemacht worden. Wollte ein anderer mahlerische Gegenstände so definiren, daß es diejenigen wären, welche wegen einer rührenden und in die Augen fallenden Wirkung der Form, Farbe, oder des Lichts und Schattens gefallen, so würde eine solche Definition nur einen sehr undeutlichen Begriff von der zu definirenden Sache geben; sie würde, wenn eben nicht noch weiter als die andern, um nichts weniger enge seyn; denn sie hätte keinen ausschließenden Bezug auf Kunst.

Drittes Kapitel.

Ich hoffe im Verfolg dieses Werkchens zu zeigen, daß das Mahlerische einen nicht minder besondern und unterschiedenen Character, als das Erhabne oder Schöne hat, und von der Mahlerkunst eben nicht mehr abhängt. Wahr ists, es ist von dieser Kunst zuerst definirt und erläutert worden, und ist ein vorzüglich in die Augen fallender Schmuck derselben; allein ist nicht Schönheit von dieser Kunst ebenfalls zuerst definirt und erläutert worden?

Si Venerem Cous nunquam posuisset Apelles,
Mersa sub aequoreis illa lateret aquis.

Untersucht man die Formen jener Mahler, welche vor Raphaels Zeitalter oder in einem Lande lebten, wo das Studium der Antiquen (da es in Rom auf den Geist solcher Personen sogar, die auf dessen Einfluß gar sehr vorbereitet waren, wirkte,) sie noch nicht gelehrt, das, was schön ist, von der ganzen Masse zu trennen; so möchte man beynahe schließen, daß Schönheit damahls nicht existirte; doch waren diese Mahler einer genauen Nachahmung, aber keiner Wahl fähig. Untersucht man die Größe der Formen auf die nehmliche Art; betrachtet man die trocknen magern Formen von Albrecht Dürer (einem Manne von Genie, selbst nach Raphaels Urtheile,) von Perugino, Andreas Mantegna u. a. m. und vergleicht sie mit denen von Michel Angelo und Raphael; so war damals die Natur in Deutschland oder Perugia nicht trockener und magerer als in Rom. — Vergleicht man die Landschaften und Hintergründe solcher Künstler mit denen von Titian

Vecelli; so war die Natur zwar nicht verändert, allein ein Geist von einem höhern Range, und der durch die Erfahrung aller Vorgänger unterrichtet war, verwarf kleinliches Detail, und bestimmte vermittelst einer solchen Wahl und Verbindung, die seinen eignen erhabnen Gedanken gleich und angemessen war, in was für Formen, in was für Farben und in was für Wirkungen Größe in Landschaften bestünde. Kann man nun zweifeln, daß Größe und Schönheit eben sowohl als Mahlerischheit *) von der Mahlerey zuerst bestimmt und erläutert worden ist? Würde es aber eine richtige Definition von erhabnen und schönen Gegenständen seyn, wenn man sagte, daß sie diejenigen wären, welche wegen einer Eigenschaft, die in Gemälden erläutert werden kann, gefielen, oder daß sie für diese Kunst schickliche Objecte wären? Die Alten zogen wirklich nicht nur Schönheit der Form, sondern sogar Schönheit der Farbe zur Mahlerey; und der Dichter, der die Gesichtsfarbe seiner Geliebten dadurch beschreiben konnte, daß er sie mit den Tinten der Gemälde des Apelles verglich, muß geglaubt haben, daß Schönheit aller Art von der Kunst, auf die er hinwieß, in hohem Grade erläutert wäre.

Die

*) Ich habe es gewagt, mich dieses Worts zu bedienen, welches, wie ich glaube, in keinem Schriftsteller vorkommt, weil es mir nothwendig schien ein Wort zu haben, das ich Schönheit und Erhabenheit entgegen setzen könnte, in einem Werke, wo diese Dinge so oft mit einander verglichen werden.

Drittes Kapitel.

Die Grundsätze dieser zwey Hauptcharactere in der Natur, das Erhabne und das Schöne, sind von einem großen Meister *) vollkommen erläutert und unterschieden worden; allein eben, da ich dieses äußerst originelle Werk zuerst las, fühlte ich, daß es unzählige Gegenstände gibt, welche dem Auge viel Vergnügen machen, und doch vom Schönen so weit als vom Erhabnen unterschieden sind. Die Betrachtungen, die ich seit der Zeit anzustellen, bin geleitet worden, haben mich überzeugt, daß diese Gegenstände eine eigne Klasse ausmachen, und zu dem, was man eigentlich mahlerisch nennen kann, gehören.

Dieses Wort wird (wie man nach seiner Abstammung urtheilen kann,) bloß von Gegenständen des Gesichts gebraucht, und zwar wirklich auf eine so beschränkte Art, daß man glaubt, es habe einzig und allein auf die Kunst Bezug, wovon es den Nahmen hat. Ich bin aber wohl überzeugt, daß der Nahme und Bezug bloß eingeschränkt und unbestimmt sind, und daß die Eigenschaften, welche Gegenstände zu mahlerischen machen, nicht allein eben so unterschieden sind, als diejenigen, welche sie zu schönen und erhabnen machen, sondern sich auch auf alle unsere Empfindungen gleich erstrecken, (durch was für Organe man sie auch erhalten mag;) und daß Musik, (ob es gleich wider den Sprachgebrauch zu seyn scheint,) nach den allgemeinen Grundsätzen

*) Burke über das Erhabne und Schöne.

der Mahlerischheit so wahrhaft mahlerisch seyn kann, als nach denen der Schönheit oder Erhabenheit schön oder erhaben.

Es ist in der That eine allgemeine Harmonie und Zusammenstimmung in allen unsern Empfindungen, wenn sie von einander ähnlichen Ursachen entstehen, wenn diese auch gleich durch von einander verschiedene Sinne auf uns wirken; und es können diese Ursachen (wie Burke*) vortreflich erklärt hat,) nimmermehr so deutlich bestimmt werden, wenn wir unsere Bemerkungen bloß auf einen Sinn einschränken.

Ich muß hier anmerken, (und ich wünschte, der Leser behielte es wohl im Gedächtniß,) daß nicht untersucht werden soll, in welchem Sinne gewisse Wörter in den besten Schriftstellern gebraucht worden, noch weniger, welches ihr gewöhnlicher richtiger und falscher Gebrauch ist; sondern ob es gewisse Eigenschaften gibt, welche einförmig einerley Wirkungen bey allen sichtbaren Gegenständen, und, nach einerley Analogie, bey Gegenständen des Gehörs und der übrigen Sinne hervorbringen; und welche Eigenschaften (wenn sie gleich bey Einem Gegenstande oder einer Anzahl Gegenstände häufig mit andern vermischt und vereinigt sind,) von denselben getrennt, und in die Klasse, zu welcher sie gehören, gebracht werden können.

*) Ueber das Erhabne und Schöne.

Drittes Kapitel.

Wenn man zeigen kann, daß ein Character, der aus diesen Eigenschaften besteht, und von allen andern unterschieden ist, durch die ganze Natur herrscht; wenn man dessen Spur in den von einander verschiedenen Gegenständen der Kunst und der Natur auffinden kann, und er durchaus consistent erscheint, so verdient er einen besondern Nahmen; in Absicht des wirklichen Untersuchungsgrundes aber liegt wenig daran, ob ein solcher Character oder die Parthie Gegenstände, die dahin gehören, schön, erhaben oder mahlerisch genennt, oder mit einem andern Nahmen, oder gar keinem bezeichnet wird.

Schönheit ist dergestalt die bezauberndste und gemeinste Eigenschaft, daß sie oft von dem, was uns Vergnügen verursacht, und Bewunderung in uns erregt, als das größte Lob gebraucht wird, es mag die Ursache davon seyn, was es will. Burke hat unterschiedliche Beyspiele von diesem unüberlegten Gebrauche und von der Verwirrung der Begriffe, die daraus entspringt, angegeben; aber nichts ist unüberlegter oder geschickter, Verwirrung zu verursachen, (wenn wir mit Burken in seinem Begriffe von Schönheit übereinstimmen,) als Schönheit mit dem Mahlerischen zu vereinigen, und den Character mit dem Nahmen mahlerischer Schönheit *) zu belegen.

C 2

---

*) Größtentheils war das, was folget, geschrieben, ehe ich Gilpins Versuch über mahlerische Schönheit sahe. Ich hatte so viel Belehrung über diese Materie aus

Drittes Kapitel.

Das Mahlerische ist in der Wirklichkeit nicht allein von dem Schönen in jenen Eigenschaften, die Burke diesem so richtig zugeschrieben, unterschieden, sondern entspringt auch von ganz gerade entgegengesetzten Eigenschaften.

Nach Burke ist Glattheit eine der wesentlichsten Eigenschaften der Schönheit; da nun völlige Gleichheit und Einförmigkeit der Oberfläche die Vollkommenheit der Glattheit ausmacht, so kann, wo diese herrscht, nur wenig Mannichfaltigkeit oder

seinen andern Werken erhalten, daß ich es mit vieler Begierde las, theils des Interesse wegen, das ich an dieser Materie selbst nehme, theils wegen der hohen Meinung, die ich vom Autor habe. Anfangs glaubte ich, man hätte meinem Werke vorgegriffen; doch freuete ich mich, meine Ideen bestätigt zu finden, und war in Erwartung, viel neues aufgegangenes Licht zu erblicken; allein, wie ich weiter kam, so war jener Unterschied zwischen den zwey Characteren, jene Gränzlinie, die ich recht genau gezogen zu seyn glaubte, immer weniger und weniger zu sehen, bis endlich das Schöne und Mahlerische mehr als jemahls mit einander vermischt und einander einverleibt, die ganze Materie in Zweifel und Dunkelheit gehüllt, und eine Art Bannfluch wider jeden, der es versuchen würde, ins Reine zu bringen, ausgesprochen wurde. Wäre ich nicht schon zu weit vorgerückt, um an den Rückzug zu denken, so hätte ich mich vielleicht durch ein so eigenmächtiges veto von einer solchen Autorität abschrecken lassen; ich hoffe aber nicht, daß man mich wird für vermessen halten, daß ich meine Untersuchungen und Forschungen immer fortgesetzt habe, obgleich ein so fleißiger und scharfer Beobachter die Untersuchung selbst aufgegeben, und als vergeblich und umsonst erklärt hat.

Drittes Kapitel.

Verwickelung seyn; als zum Beyspiel bey glatten ebnen Ufern, nach einem kleinen Maßstabe, oder bey nackten Dünen, nach einem großen. Eine andere wesentliche Eigenschaft der Schönheit ist allmählige Abänderung; das heißt, (um mich Burkes Ausdrucks zu bedienen,) wenn die Linien nicht auf eine plötzliche und abgebrochene Weise abwechseln, und wenn keine plötzliche Hervorragung anzutreffen ist. Es erfodert nur wenig Nachdenken, um einzusehen, daß die Ausschließung aller, ausgenommen fließender Linien, Mannichfaltigkeit nicht befördern kann; und daß plötzliche Hervorragungen und Linien, die einander auf eine plötzliche und gebrochene Weise kreuzigen, zu den fruchtbarsten Ursachen der Verwickelung gehören.

Ich bin daher überzeugt, daß die zwey entgegengesetzten Eigenschaften, Rauheit *) und plötzliche

---

*) Ich bin Gilpins Beyspiel gefolgt, das Wort Rauheit als einen allgemeinen Ausdruck zu gebrauchen. Wenn ich Rauheit zu einem Hauptunterschied zwischen dem Schönen und Mahlerischen mache; so glaube ich, daß ich darin sowohl durch die allgemeine Meinung aller derjenigen, welche über diese Sache Betrachtungen angestellt haben, als auch durch Gilpins Autorität unterstützt werde. Diese Autorität ist so groß, daß in den andern Punkten, wo ich das Unglück habe, von ihm abzugehen, seine Meinung vor der meinigen natürlicherweise den Vorzug haben wird, wenn ich nicht deutlich zeigen kann, daß sie auf schlechten Gründen beruhet: ich muß mich daher, so oft als diese Punkte vorkommen, zu zeigen bemühen, in welchen Rücksichten dieselbe auf schlechte Gründe ge-

Drittes Kapitel.

Abänderung, in Verbindung der Unregelmäßigkeit, die wirksämsten Ursachen des Mahlerischen sind.

Dies, glaube ich, wird in einem sehr deutlichen Licht erscheinen, wenn man solche Gegenstände, beydes natürliche und künstliche ins Auge faßt, von denen man einräumt, daß sie mahlerisch sind, und sie mit solchen vergleicht, von denen man eben so zugestehr, daß sie schön sind.

bauet ist, und zwar nach meinen besten Kräften; denn jede Sache, die den Sieg nicht behauptet, leidet in diesem Falle eine gänzliche Niederlage.

Ich werde erstlich überhaupt die Schwierigkeiten anführen, in welche ein so scharfsinniger Schriftsteller gerathen, nachdem er jenen ächten und universellen Unterschied zwischen dem Schönen und Mahlerischen, den er selbst, da er ihn festsetzte, angefangen, und der ihre Charactere sowohl in der Natur, als in der Kunst trennt, aus den Augen ließ, und sich auf jenen nicht genugthuenden Begriff eines allgemeinen Bezugs nur auf Kunst einschränkte.

Er hat dieses für seine Meinung ausgegeben, daß »Rauheit den wesentlichsten Unterscheidungspunkt zwischen dem Schönen und Mahlerischen ausmacht, und jene besondere Eigenschaft zu seyn scheint, welche Gegenstände hauptsächlich in Gemälden gefällig und angenehm macht.« Er hat es daher in einigen Beweisen für nöthig erachtet, glatte Gegenstände von der Mahlerey auszuschließen, und in andern, zu zeigen, daß das, was in der Wirklichkeit glatt, in der Erscheinung rauh ist; so daß, wenn wir uns einbilden, daß wir die Glattheit bewundern, wir glauben, wir empfänden sie, (wie bey einem stillen See,) in der That aber bewundern wir die Rauheit, die wir nicht bemerkt haben. Davon werde ich an denjenigen Stellen Belege geben, wo sie sich ganz natürlich darbieten.

Drittes Kapitel.

Ein Tempel oder Pallast von Griechischer Bauart ist in seinem ganzen vollkommenen Zustande, dessen Fläche und Farbe glatt und eben ist, im Gemälde oder in der Wirklichkeit schön; als Ruin.*)

*) Gilpin bemerkt, daß »ein Stück von Palladischer Architectur (welches, wie ich vermuthe, nur ein anderes Wort, statt regelmäßiger Griechischer Architectur ist,) im äußersten Grade elegant seyn kann; die Proportion seiner Theile, die Eigenheit seiner Verzierungen, die Symmetrie des Ganzen außerordentlich gefallen kann; allein, wenn man es in einem Gemälde anbringt, so wird es gleich ein steifer Gegenstand, und hört auf, zu gefallen.« Er setzt hinzu, »wollte man ihm mahlerische Schönheit geben, so müßte man es aus einem glatten Gebäude in einen rauhen Ruin verändern.«

Gilpins erster Punkt war, daß er bewies, daß, wenn ein Gemälde mahlerisch seyn soll, es weder glatt, noch regelmäßig seyn muß, und bis so weit stimmen wir überein. Aber hernach, um zu beweisen, wie sehr mahlerische Schönheit (daß ich seinen Ausdruck gebrauche,) aller andern Schönheit von Mahlern vorgezogen werde; ja, wie unschicklich Schönheit allein für ein Gemälde sey, macht er die zwey Behauptungen, die ich angeführt habe, nehmlich, daß ein Stück von regelmäßiger und vollendeter Baukunst ein steifer Gegenstand wird, und zu gefallen aufhört, wenn er in einem Gemälde angebracht worden; und daß kein Mahler, der freye Wahl hat, zwischen diesem und einem Ruin einen Augenblick anstehen wird.

Wäre dies wirklich der Fall, so müßte man Claude Lorrain als einen Landschaftsmahler aufgeben; denn er hat nicht allein eine Menge vollkommener, regelmäßiger und glatter Stücke der Architectur in seine Gemälde gebracht, sondern sie nehmen auch häufig die sichtbarsten, am meisten in die Augen fallenden Stellen derselben ein; und ich zweifle, ob er nicht mehr

ist er mahlerisch. Man bemerke das Verfahren, nach welchem die Zeit (die große Urheberin solcher Veränderungen,) einen schönen Gegenstand in einen mahlerischen verwandelt. Zuerst vermindert sie durch Wetterflecken, partielle Uebertünchung, Be-

ganze Gebäude, als Hauptgegenstände, denn Ruinen, obgleich viel mehrere von letztern als untergeordnete Gegenstände, möchte gemahlt haben.

Lorrain fand darin Vergnügen, Scenen sowohl von festlichem Pomp und Pracht, als von Hirtenleben und Eingezogenheit vorzustellen; wenn man aber glauben wollte, daß seine Tempel verlassen, seine Palläste wüste und in Ruinen wären, so würde der ganze Character jener prächtigen Arbeiten, welche, ihn über einen jeden bloßen Landschaftsmahler zu erhöhen, so viel beygetragen haben, vernichtet werden. Gilpin muß sich jenes schönen Seehafens erinnern können, welcher Locken gehörte, und (könnten Gemälde ihre Besitzer wählen,) nie von seiner Seite gegangen seyn würde. Er muß da bemerkt haben, daß das Architecturstück zur linken Hand regelmäßig, vollkommen, und so glatt war, als ein solches vollendetes Gebäude in der Natur aussieht.

Wenn man aber ganze Gebäude im Gegensatz von Ruinen betrachtet, so sind die Hintergründe und Landschaften aller großen Meister, und besonders des Nicolas und Caspar Poussin voll derselben, und der Ruinen sind verhältnißmäßig wenig, dergestalt, daß in Caspar Poussin zahlreicher Sammlung, die von Vivares herausgegeben worden, kaum einige Ruinen unter den unzähligen ganzen Gebäuden zu finden sind.

Kein Mahler studirte mahlerische Anlage und Wirkung fleißiger als Paul Veronese; gleichwohl macht Baukunst von der regelmäßigsten und vollkommensten Art, einen sehr wesentlichen Theil seiner

Drittes Kapitel. 41

moosung u. dergl. die Einförmigkeit seiner Fläche und zugleich seiner Farbe; das heißt, sie gibt ihm einen Grad von Rauheit, und Abwechslung der Tinte. Hernach machen die mannichfachen Veränderungen der Witterung die Steine selbst lose; sie fallen in unregelmäßigen Massen auf einen vielleicht prachtvollen Arbeiten aus. Viele dieser prächtigen Gebäude haben in Gemälden ein so wahrhaft schönes Ansehn, besonders, wenn sie (wie bey denen von Lorrain) mit Bäumen von zierlichen Formen und mit einer Scenerie, davon jeder Theil zu ihrem Character paßt, begleitet sind, daß man Gilpins Satz umkehren, und, wie ich glaube, mit mehrerer Richtigkeit behaupten könnte, daß ein Stück von Palladischer Baukunst, so elegant, so wohl proportionirt seine Theile, so gut angeordnet und gewählt seine Zierrathen, so vollkommen die Symmetrie des Ganzen auch immer seyn mögen, doch in der bloßen Elevation, oder, wenn es (wie es häufig in der Wirklichkeit ist,) mit andern Gebäuden in einer Straße oder am Ende einer Rasenfläche nackt und ohne Begleitung angebracht ist, ein steifer Gegenstand sey, und nur eine kalte Bewunderung der Geschicklichkeit des Baumeisters errege; wenn es aber in einem Gemälde angebracht wird, ein höchst interessanter Gegenstand wird, und allgemein gefällt. Ich meine, wie sichs versteht, so angebracht, wie die besten Meister dergleichen Gebäude angebracht und begleitet haben, denn, daß alle regelmäßige Architectur natürlich auf Steifheit hinausläuft, daran kann kein Zweifel seyn.

Die Geschicklichkeit, mit welcher diese Steifheit von den Mahlern vermieden worden ist, ohne die Glattheit oder Symmetrie zu zerstören, ist vielleicht einer von den stärksten Bewegungsgründen, warum man ihre Werke zum Behuf der Kunstanlagen studiren muß.

vorher glatten Rasen oder Pflaster, oder auf hübsch aufgepuzte Gänge und Lustgebüsche, und werden nun mit Unkraut und Kletterpflanzen vermischt und überwachsen, die drüber und zwischen den eingefallenen Ruinen klettern und hervorschießen. Sedums, Mauergewächse und andere Vegetabilien, welche Trockenheit vertragen, finden in dem verdorbenen Cement, wovon die Steine abgerissen worden, Nahrung: die Vögel tragen ihr Futter in die Rize, und Taxus, Hollunder und andere Beerpflanzen laufen von den Seiten aus, während Epheu andere Stellen überhüllet und die Spize krönt. Die geraden regelmäßigen Linien der Thüren und Fenster werden gebrochen, und durch ihre mit Epheu befranzten Oefnungen stellt sich jenes rührende Bild beym Virgil auf eine gebrochenere und mahlerischere Weise dar:

> Apparet domus intus, et atria longa patescunt;
> Apparent Priami et veterum penetralia regum.

Gothische Baukunst ist, überhaupt betrachtet, ungleich mahlerischer, obgleich minder schön, als Griechische; und zwar nach eben dem Grundsaze, daß es ein Ruin mehr ist, als ein neu Gebäude. Das erste, das das Auge, wenn es sich einem Gebäude nähert, rührt, ist der allgemeine Umriß gegen den Himmel zu, (oder was nur gegen denselben zu gerichtet seyn dürfte,) und die Wirkungen der Oefnungen: an Griechischen Gebäuden sind die Hauptlinien des Dachs gerade, und selbst, wenn sie eine Kuppel oder einen Fronton zur Abwechslung und Zierde

Drittes Kapitel.

haben, hat das Ganze einen Character von Symmetrie *) und Regelmäßigkeit.

An Gothischen Gebäuden zeigt der Umriß der Spitze eine solche Abwechslung der Formen, der Thürmchen und Zinnen, davon einige offen, andere durchbrochen und mit mancherley Schmuck bereichert sind, daß selbst da, wo eine genaue Zusammenstimmung der Theile ist, diese oft durch ein Ansehn von prächtiger Verwirrung und Unregelmäßigkeit verberget wird. Der an den Thüren und Fenstern der Gothischen Kirchen spitzige Bogen hat so viel Abwechslung, als eine reguläre Figur gut haben kann, das Auge wird auch nicht so heftig von der Spitze des einen zur Spitze des andern, als durch die parallelen Linien der Griechischen, geführt; und jedermann muß von dem außerordentlichen Reich-

---

*) Symmetrie, welche mit dem Schönen, besonders in Werken der Kunst zusammenstimmt, ist in eben dem Grade dem Mahlerischen entgegen, und Vernichtung der Symmetrie ist unter den mancherley Ursachen der höhern Mahlerischheit der Ruinen im Vergleich mit ganzen Gebäuden mit nichten die geringste.

Ich hoffe nicht, daß man glaubt, als wollte ich, wenn ich die mahlerischen Umstände der Gothischen Gebäude bewundere, die Symmetrie und Schönheit der Griechischen herabsetzen; alles, was von den Griechen zu uns gekommen, hat einen unwiderstehlichen Anspruch auf unsere Bewunderung; diese ausgezeichnete Nation besaß die wahren Grundsätze der Schönheit sowohl, als Größe in allen Künsten, und ihre Baukunst hat mit Recht gleich großen Vorzug mit ihrer Bildhauerkunst, Dichtkunst und Beredtsamkeit erhalten.

Drittes Kapitel

thum und Verwickelung einiger Hauptfenster unserer Cathedralkirchen und verfallenen Abteyen gerührt werden. An letztern ist der Triumph des Mahlerischen ganz dargestellt; und dessen Reitze sind für ein Mahlerauge so groß, daß sie selbst mit denen der Schönheit wetteifern.

Es werden vielleicht manche nicht gern zugeben wollen, daß ein beträchtlicher Theil des Vergnügens der Zuschauer bey Ruinen von Griechischer und Gothischer Architectur von den mahlerischen Umständen entspringe, und möchten lieber das Ganze demjenigen, was mit Recht auf einen großen Antheil an diesem Vergnügen Anspruch machen kann — der Zierlichkeit oder Größe ihrer Formen, der Ehrfurcht des grauen Alterthums, oder der Feyerlichkeit des heiligen Schauers, mit einem Worte, dem Gemisch der beyden andern Charactere zuschreiben; allein, wäre dies auch wahr, so sind doch viele Gebäude denen, die das Studium der Kunst und der Natur mit einander verbunden haben, höchst interessant, woran sowohl Schönheit, als Größe nicht in Betrachtung kommt, als zum Beyspiel Viehschuppen, Bauerhütten, Mühlen, zerrissene Innenseiten alter Scheunen und Ställe u. dergl. wenn sie nur eine auszeichnende und besondere Wirkung der Form, Tinte oder des Lichts und Schattens haben. An Mühlen ist besonders die Verwickelung der Räder und des Holzwerks so außerordentlich; die Abwechslung der Formen, der Lichter und Schatten, der

Drittes Kapitel.

Moose und Wetterflecken von der beständigen Feuchtigkeit, der Pflanzen, die aus den rauhen Steinfugen hervorwachsen, so sonderbar, und eine solche Zusammenkunft aller Dinge, welche sehr zur Mahlerischheit beytragen, daß eine alte Mühle auch ohne Zuthun des Wassers den größten Reiz für einen Mahler hat.

Eben diesen Ursachen ist es zuzuschreiben, daß ein Gebäude mit einem Gerüste oft ein mahlerischers Ansehn hat, als das Gebäude selbst, wenn das Gerüste weggenommen ist — daß alte bemooste holperich behauene Parkpfähle von ungleichen Höhen für eine Landschaft eine Zierde sind, besonders wenn sie durch Buschholz zum Theil versteckt sind; da hingegen eine schöne saubere Umpfählung, die um ein Feld regelmäßig geführt, und in ununterbrochener Richtung zu sehen ist, einen höchst unmahlerischen Gegenstand abgiebt, indem sie zu den einförmigsten Begränzungen gehört.

Allein an keinem andern Gegenstande der Natur bezeichnen Rauheit und Glattheit den Unterschied zwischen beyden Characteren stärker, als am Wasser. Ein stiller heller See ist mit dem Widerschein alles dessen, was ihn umgibt, wenn man ihn unterm Einflusse der untergehenden Sonne, und an einem so hellen und heitern Abend, als seine Fläche ist, betrachtet, vielleicht die unsern Begriffen von Schönheit im engsten und allgemeinsten Sinne angemessenste von allen Scenen.

Ja, wenn gleich die Scenerie herum recht wild und mahlerisch, (ich möchte beynahe sagen, recht grausend und fürchterlich) wäre, so wird doch durch den Widerschein eines solchen Spiegels alles so erweicht und gemildert, und zusammen geschmolzen, daß sogar alsdann die Idee der Schönheit, so lange man hauptsächlich das Wasser allein betrachten würde, die herrschende werden dürfte. Auf der andern Seite stimmt jedes Wasser, dessen Fläche gebrochen, und dessen Bewegung ungleich und unregelmäßig ist, eben so mit unsern Begriffen vom Mahlerischen überein; und wenn nur das Wort genennt wird, sind reißende und steinigte Ströme und Wasserfälle, und die gegen Felsen anschlagende Wellen die ersten Bilder, die sich unserer Einbildungskraft darstellen. Auch nähern sich die beyden Charactere und halten einander das Gleichgewicht, je nachdem Rauheit oder Glattheit, sanftwellichte oder gebrochene Bewegung herrschen *).

*) Ich habe hier das Unglück, von Gilpin abzugehen, er sagt: »wenn sich auf der Leinwand der See ausbreitet, so erkennen wir (und in diesem Falle kann es in der Natur nicht anders seyn,) die wie der polirte Spiegel reine, helle, glatte marmorne Fläche als mahlerisch an.« Niemand, glaube ich, wird so sonderbar seyn, abzuleugnen, daß ein See in solchem Zustande schön sey; daher sind entweder beyde Wörter völlig gleichbedeutend oder beyde Charactere vermischt: im letztern Falle muß ich um Erlaubniß bitten, eine Stelle aus Locken anzuführen, die zwar von einer andern Materie handelt, aber von allgemeiner Anwendung ist. »Von diesen Affecten (Furcht, Zorn, Scham, Neid, u. s. w.) ist selten eine einfach und

Drittes Kapitel.

Unter den Bäumen ist es nicht die glatte junge Buche, oder die frische und zarte Esche, die mahle-

allein, und mit andern ganz unvermischt, obgleich im Gespräche und bey Betrachtung derselben diejenige gewöhnlich den Nahmen führt, die am stärksten wirkt, und in dem gegenwärtigen Seelenzustande sich am meisten zeigt." Nun, wenn Glattheit (wie Gilpin anerkennt,) zum wenigsten eine wichtige Quelle der Schönheit ist; und wenn Rauheit (wie er nicht ansteht, beyzupflichten,) das ist, was den wesentlichsten Unterscheidungspunkt zwischen dem Schönen und dem Mahlerischen ausmacht, so ist es fürwahr mehr ein Widerspruch mit seinen eignen Grundsätzen selbst, einen See in seinem glattesten Zustande wegen solcher Unterbrechungen der völligen Glattheit (oder vielmehr Einformigkeit) seiner Fläche, die sich nicht allein mit Schönheit vertragen, sondern oft an sich Quellen der Schönheit sind, als zum Beyspiel Schatten von mancherley Art, wellichte Bewegungen und Widerscheine, mahlerisch zu nennen.

Nach eben den Gründen, als er behauptet, daß der glatte See mahlerisch sey, gibt er diesen Character auch dem stark gefütterten Pferde mit seiner glatten und glänzenden Haut. Allein, wenn ein Thier »ein Spiel von Muskeln, die durch die Feinheit der Haut scheinen, sanft aufschwellen und in einander niedersinken — sein über und über schlüpfriges Ansehn, nebst unaufhörlich sich abändernden und in einander spielenden Zurückprallungen des Lichts auf dasselbe,« zu einem mahlerischen machen, was wird es zu einem schönen machen? Die Unterbrechung seiner Glattheit durch eine Abwechslung der Schatten und Farben, nicht plötzlichen und starken, sondern in einander spielenden, so daß das Auge zwischen ihren unaufhörlichen Uebergängen auf und nieder gleitet, wird gewiß nicht die Stelle der Rauheit in solchem Grade ersetzen, daß sie die Eigenschaften der Schönheit über-

risch sind *), sondern die rauhe bejahrte Eiche, oder die knotige Englische breitblättrige Ulme; sie müssen eben nicht schlechterdings von starker Dicke seyn; es ist

wiegt, und gar, wie im gegenwärtigen Falle, den Nahmen aufhebt.

Wahr ist's, nach Gilpins zwey Definitionen sind der See und das Pferd in ihrem möglichst glatten Zustande mahlerisch; sie sind aber eben so sehr diesem Character nach seiner genauern und bestimmtern Methode, ihn zu definiren, da er Rauheit zu dem wesentlichsten Unterscheidungspunkt zwischen diesem und dem Schönen macht, entgegengesetzt. Nachdem er einen so deutlichen und natürlichen Unterschied zwischen beyden Characteren gemacht, würde es gewiß einfacher, natürlicher und gnugthuender gewesen seyn, wenn er die Dinge nach ihren gewöhnlichen und herrschenden Eigenschaften benannt, und zugegeben hätte, daß Mahler bald schöne, bald mahlerische, bald große und erhabne, und manchmahl solche Gegenstände, wo die zwey und die drey Charactere gleich, oder in verschiedenen Graden mit einander gemischt waren, vorzogen. Es ist Schade, daß Talente, wie die seinigen, denen wir so viele richtige und seltene Bemerkungen zu verdanken haben, zuweilen sind angewandt worden, das mit einander zu vereinbaren zu suchen, was trotz aller Scharfsinnigkeit als ein Widerspruch erscheinen muß.

*) Da die junge Esche bey Mahlern ein Favorit ist, (wiewohl sie in jedem Alter ein ganz und gar nicht gemeiner Baum ist,) so muß es denen, die dieses Wort auf die Kunst allein beziehen, unvereinbar vorkommen, daß ich leugne, daß sie mahlerisch sey. Allein, wenn, wie ich vorher angemerkt habe, alle Gegenstände, die die Mahler gern vorgestellt haben, deswegen mahlerisch zu nennen wären, so würde es ein Wort seyn, das wenig von andern unterschieden wäre. Die junge Esche hat jeden Grundsatz der

Drittes Kapitel.

ist genug, wenn sie rauh und bemooset sind, und einen Character von Alter und plötzlichen Abänderungen in ihren Formen haben. Die Aeste ungeheurer Bäume, welche vom Blitz oder von Sturmwinden zerschmettert worden, sind im höchsten Grade mahlerisch; alles aber, was diese furchtbaren Zerstörungsmächte verursachen, muß einen Anstrich von Erhabnem haben *).

Schönheit; frisches und zartes Laub, Glattheit der Rinde, Zierlichkeit der Form; ich wundere mich auch nicht, daß der glatte und zierliche Virgil die Esche den schönsten Baum in den Wäldern nennt; aber, wenn ihr Laub sich zur Herbsttinte verändert hat, und sie mit rohern oder massivern Gestalten oder Farben einen Contrast macht, so wird sie, ohne ihre Natur zu ändern, ein Theil eines mahlerischen Umstandes.

*) Es findet sich beym Ariost ein Gleichniß, wo die zwey Charactere schön mit einander vereinigt sind:

Quale stordito, et stupido aratore,
Poi ch'e passato il fulmine; si leva
Di la, dove l'altissimo fragore
Presso agli uccisi buoi steso l'aveva;
Che mira senza fronde, et senza onore
Il Pin che da lontan veder soleva.
Tal si levo'l Pagano.

Milton scheint dieses Gleichniß in Gedanken gehabt zu haben; die Erhabenheit aber seines Gegenstandes sowohl, als seines Genies, ließ ihn diese mahlerischen Umstände, deren Mannichfaltigkeit, indem sie unterhält, die Seele zerstreut, verwerfen, und er hielt sie auf wenige große und schauervolle Bilder geheftet:

»Gleichwie, wenn Himmelsfeuer
Die Waldeichen oder Bergfichten zerschmettert,
Steht mit versengtem Wirbel ihr (der Teufel) stattlicher, wiewohl kahler Anwuchs
Auf der verbrannten Heide da.«

Drittes Kapitel.

Wirft man ferner einen Blick auf diejenigen Thiere, welche mahlerisch genannt werden, so wird man finden, daß da die nehmlichen Eigenschaften herrschen. Der Esel *) ist es vorzüglich; weit mehr, als das Pferd; und unter den Pferden ist es das wilde Pferd mit seiner rauhen Haut, seiner struppichten und unebnen Mähne und Schwanze, oder das abgenutzte Wagenpferd mit seinen starren Knochen. Der glatte und gut gehaltene Hengst mit seinem hoch-

---

*) Gilpin bemerkt in seinem überaus scharfsinnigen Werke über Waldscenerie, (woraus ich viele dieser Beyspiele von mahlerischen Thieren genommen,) daß unter allen Thierracen schwerlich eins in Landschaften eine größere Zierde sey, als der Esel. »Worin,« sagt er hinzu, »diese mahlerische Schönheit besteht, ob in seinem eigenthümlichen Character, in seinen starken Linien, in seinem Colorit, in der Rauheit seines Felles oder in dem Gemisch derselben, möchte vielleicht schwer seyn, gewiß zu bestimmen.« Es machte mir viel Freude, meine Ideen von den Ursachen des Mahlerischen von einem so aufmerksamen Beobachter, als Gilpin ist, bestätigt zu finden, ob er gleich zweifelhaft davon spricht; und ich kann nicht umhin, mir zu schmeicheln, daß ich nachdem seine Autorität mich in meinen Ideen befestigt hat, die Richtigkeit und Genauigkeit seines Satzes zeigen könnte, wenn ich die Spur dieser Ideen durch eine größre Mannichfaltigkeit von Gegenständen, als seine Materie ihm Anleitung gab zu betrachten, aufsuchte. Gilpin sucht ganz eigentlich in Eigenthümlichkeit des Characters den Grund; dieser entspringt ganz natürlich von den starken Linien und plötzlichen Abänderungen. Was vollkommen glatt und fließend ist, hat verhältnißmäßig weniger von eigenthümlichem Character, und verliert an Mahlerischheit, was es an Schönheit gewinnen kann.

Drittes Kapitel.

gewölbten Schopf und fließender Mähne wird häufig in Gemälden vorgestellt; allein sein herrschender Character sowohl da, als in der Wirklichkeit ist Schönheit *).

*) Dies gibt mir Gelegenheit, über eine Stelle aus Gilpins Versuch über mahlerische Schönheit eine Betrachtung anzustellen, die mich, ich gestehe es, über den Verfasser der zuletzt angeführten Stelle sowohl, als verschiedener anderer in dem eben erwähnten Versuche, die den wahren Character und Ursache des Mahlerischen auf eine meisterhafte Art kennbar machen, und wie sehr und wie gut er beobachtet hat, beweisen, in Verwunderung setzte. Wenn die Critik, die ich anstelle, richtig ist, so hat Gilpin, glaube ich, dadurch eine Blöße gegeben, daß er für das Mahlerische eine so ausschließende Liebe hegt, und den Satz, daß Rauheit diejenige besondere Eigenschaft sey, welche macht, daß Gegenstände in Gemälden vorzüglich gefallen, übertrieben hat. Aus Partheylichkeit gegen diesen Satz macht er den Gedanken, Schönheit sich in einem Gemälde vorstellen zu lassen, lächerlich, und wendet sich an die Person, von der er glaubt, daß sie eine einem Mahler so unanständige Bitte thut, mit folgenden Worten: "Die Mahlerkunst gibt dir alles, was du wünschest; du willst einen schönen Gegenstand gemahlt haben; dein Pferd, zum Beyspiel, wird in seiner ganzen, wohlgenährten Schönheit aus dem Stalle vorgeführt. Die Mahlerkunst ist bereit, dir zu dienen, – nun hast du die schöne Gestalt, die du in der Natur bewundertest, auf die Leinwand genau übergetragen. Sey also ruhig; die Mahlerkunst hat dir gegeben, was du wolltest. Es ist keine Beleidigung für deinen Araber, wenn der Mahler glaubt, er könne deinem Wagenpferde die Grazien seiner Kunst mit mehrerer Force geben."

Drittes Kapitel.

Unter den Hunden ist der Pommersche und der rauhe zottige Wasserhund mahlerischer, als der glatte Wachtelhund oder Windspiel; so wie die langhaarige Ziege mahlerischer ist, als das Schaf, und letzteres ist es mehr, wenn seine Wolle rauh ist und locker hängt, als wenn sie eben geschoren werden. Gewiß kein Thier in der That wird so beständig in Landschaften vorgestellt, als das Schaf; aber das be=

Wenn man einem der Mahlerey Unkundigen sagen würde, daß ein Mahler, der mit Force die Grazien seiner Kunst anbringen möchte, ein Wagenpferd einem Araber vorzöge, so würde er geneigt seyn, zu glauben, es fände sich sowohl an der Kunst, als bey dem Künstler ein verkehrtes Wesen. Dies wird jedesmahl der Fall seyn, wenn man, anstatt daß man suchen sollte, die Uebereinstimmung zwischen Kunst und Natur selbst da, wo sie am meisten mit einander im Widerspruch zu seyn scheinen, zu zeigen, eine geheimnißvolle Barriere zwischen ihnen setzet, um den Ungeweihten in Staunen zu bringen, und in der Ferne zu halten. Die Sache scheint mir, wie man es leicht vermuthen kann, diese zu seyn: Wenn Rubens, Vandyk oder Wouvermann die Grazien ihrer Kunst zeigen wollten, so mahlten sie schöne Pferde, solche, die der allgemeine Menschenverstand schön zu nennen pflegt, muntere wohlgenährte Henaste, die eine feine Haut haben, und wohl bey Leibe sind. Setzten sie, wie sie oft thaten, diesen schönen Thieren einen größern Theil von Mahlerischheit zu, so geschah dies nicht durch Herabsetzung derselben zu Wagenpferden und Lastthieren, sondern vermittelst einer solchen plötzlichen und muthigen Handlung, verbunden mit einer solchen zusammenstimmenden und stark sichtbaren Anstrengung der Muskeln, einer so wilden unordentlichen Lage der Mähne, daß es das freye und lebhafte Wesen ihres Characters erhöhet, ohne der Zierlichkeit und Größe

weiß nicht (wie ich vorher anmerkte,) höhere Mahlerischheit; und ich bilde mir ein, daß es außer dem unschuldsvollen Character der Schafe, welcher Hirtenscenen, von denen sie die natürlichen Bewohner sind, daher entspringt, weil sie von einer Tinte sind, die glänzend und sanft zugleich ist, und sich mit allen Gegenständen glücklich vereiniget, und weil sie auch stärkere Massen von Licht und Schatten, als alle

ihrer Form Abbruch zu thun. Wenn man unter dem Ausdruck, die Grazien seiner Kunst mit Force geben, verstehe, sie mit starkem Nachdruck geben, so kann ich mir nicht vorstellen, daß Rubens, wenn er eins von diesen edlen Thieren in seiner ganzen Fülle und Ueppigkeit von Schönheit von der Natur auf die Leinwand übertrug, geglaubt hätte, daß er alle seine Kräfte wegwürfe, und daß alle die rauhen starkknochigen Wagenpferde, die er in Scenen, zu denen sie gut paßten, angebracht hatte, stärker in die Augen fallende Beweise von den Grazien seiner Kunst wären. Bey Wouvermann übersteigt auch die Anzahl der schönen wohlgenährten Hengste bey weitem die Anzahl seiner rauhen und mahlerischen.

Es wäre in der That eine elende Herabwürdigung der Kunst, wenn die Pferde von Raphael, Ludewig Garzi Romano, Polidore, Nicolas Poussin, deren Formen, die sie mit fast eben so viel Aufmerksamkeit, als die der menschlichen Figur studirt hatten, die Mängel der gewöhnlichen Natur nach ihren eigenen erhabnen Vorstellungen von Schönheit und Größe, und nach denen ihrer berühmten Modelle, der alten Bildhauer verbessert hatten, und an denen sie die Grazien ihrer Kunst (und nicht auf eine schwache Art) darstellen wollten, in dieser Rücksicht mit einer Schindmähre von Berchem oder Paul Potter nicht allein gleichen Rang hätten, sondern wohl gar von ihr übertroffen würden.

andere Thiere, hervorbringen. Kehrt man dies in Hinsicht aufs Rothwildpret um, so wird man finden, daß es wahr ist; ihr wildes Ansehn, ihre lebhafte Stellung, ihr plötzliches Aufspringen, die Verwickelung ihrer Geweihe sind höchst mahlerische Umstände; ihre Wirkung aber in Gruppen fällt ins magere und fleckigte.

Unter den wilden Thieren ist der Löwe mit seiner zottigen Mähne ungleich mahlerischer, als die Löwin, ob sie gleich ebenfalls ein Gegenstand des Schreckens ist.

Die Wirkungen der Glattheit oder Rauheit, das Schöne oder Mahlerische hervorzubringen, trifft man ferner an dem Gefieder deutlich erläutert. Nichts ist schöner, als Federn in ihrem glatten Zustande, da die Hand oder das Auge, ohne abzusetzen, über sie gleitet, nichts mahlerischer, als abstechende Zierrathen derselben, oder wenn sie durch einen zufälligen Umstand, durch einen plötzlichen Affect struppicht geworden, oder wegen ihrer natürlichen Stellung so erscheinen. So wie jede Wirkung des Affects und heftigen Gemüthsbewegung auf die menschliche Figur und Angesicht mahlerisch ist, eben so ist es auch die Wirkung derselben auf das Gefieder der Vögel; wenn selbige vor Zorn oder Verlangen brennen *),

---

*) Bey allen Thieren bringen einerley Ursachen einerley Arten von Wirkungen hervor. Die Borsten des wilden Schweins, die Stacheln an dem zornigen Stachelschweine erheben sich plötzlich durch plötzliche Gemüthsbewegungen; und es ist wunderbar, zu be-

Drittes Kapitel.

so zeigen sich die ersten Symptome davon an ihrem struppicht gewordenen Gefieder. Der Kampfhahn richtet die Federn seines Halses auf, wenn er seinen Nebenbuhler angreift, der Purpurfasan seinen Kamm, und der Pfau zeigt, wenn er die Rückkehr des Frühlings fühlt, auf die nehmliche Art seinen Affect, „und jede Feder schauert vor Freude."

Viele Vögel haben dasselbe mahlerische Ansehn, das bey andern bloß zufälligerweise erfolgt, von Natur erhalten: dergleichen sind diejenigen, deren Kopf und Hals mit Krausen, mit Kämmen und Büschen von Federn, die nicht, wie die auf dem Rücken, glatt über einander liegen, sondern locker und unregelmäßig stehen, geziert sind. Das sind vielleicht unter allen Vögeln diejenigen, welche am meisten rühren und anziehen, weil sie (und so verhält es sich mit allen übrigen Gegenständen,) jenen Grad von Rauheit und Unregelmäßigkeit haben, der der Glattheit und Symmetrie Leben gibt, und nachdem diese letztern Eigenschaften das Uebergewicht

---

merken, wie alles das, was innere Ruhe störet, von außen eine entsprechende Glattheit verursacht.

Die ersten Anzeigen von der Störung desjenigen Gemüthszustandes, welcher dem Schönen so wohl entspricht, ist eine Störung der auswendigen Glattheit. Bey dem Menschen ziehen sich, wenn er vom Zorn entbrennt, die Augenbrauen zusammen, die Haut runzelt sich; und das fürchterlichste der Thiere zeigt die nehmlichen mahlerischen Zeichen von Zorn und Wuth:

Την δε τ'ερισκνιιεν κατω ελκεται εσσε καλυπτων.

Drittes Kapitel.

haben, wird das Resultat des Ganzen mit Recht schön genennt *).

*) Gilpin glaubt, das Resultat des Gefieders (und er macht keine Ausnahme,) sey mahlerisch Die ganze Stelle ist mir wieder ein auffallender Beweis seiner ausschließenden Vorliebe für diesen Character, und daß er dieser Ursache wegen der Glattheit keine Schönheit oder Verdienst zugestehen will. Es würde in der That, da er annimmt, daß das Mahlerische sich lediglich auf die Mahlerey beziehe, und daß Gemälde schwerlich einen Gegenstand aufnehmen können, der nicht von diesem Character sey, und da er auch zugibt, (oder vielmehr behauptet,) daß Rauheit die unterscheidende Eigenschaft desselben ist, nothwendig, entweder zuzugeben, daß ein Gegenstand mahlerisch seyn kann, ohne rauh zu seyn, welches aber seiner Behauptung widersprochen hätte, oder zu zeigen, daß es andere Eigenschaften gäbe, die ihn, trotz seiner Glattheit, dazu machen, oder, um seinen Ausdruck zu gebrauchen, die Stelle der Rauheit ersetzen.

Er sagt von dem Gefieder der Vögel: »nichts kann für das Gefühl weicher, nichts glatter seyn; gleichwohl ist es unstreitig mahlerisch.« Darauf macht er die Bemerkung, »nicht die Glattheit der Fläche ist es, die die Wirkung erzeugt, nicht diese, die wir bewundern sondern die Brechung der Farben, das glänzende Grün oder Purpur, das sich etwa in ein volles Blau oder Sammet schwarz verändert, darauf eine Halbtinte annimmt, und so fort geht, durch alle die Abwechslungen der Farben, oder, wenn die Farbe nicht veränderlich ist, die Harmonie, welche wir an diesen zierlichen kleinen Strichen des Naturpinsels bewundern.«

Es ist sonderbar, daß die Farben der Vögel, und besonders die veränderlichen, von welchen Burke einige seiner glücklichsten Erläuterungen des Schönen genommen hat, von Gilpin nicht allein als Quellen des

Drittes Kapitel.

Die Raubvögel haben überhaupt mehr vom Mahlerischen, theils wegen der eckigen Form ihres Schnabels, der rauhen Federn an ihren Beinen, wegen ihrer Klauen, ihrer Farbe, (worüber ich her-

Mahlerischen, sondern auch als solche angeführt werden, die diese Eigenschaft in so reichlichem Maße besäßen, daß sie der Glattheit die Wirkung der Rauheit ertheilen. Er hat es zwar als einen Lehrsatz aufgestellt, daß ein glattes Gebäude in ein rauhes verändert werden muß, ehe es mahlerisch seyn kann; doch konnte in dem Falle ein glatter Vogel es mittelst der Farben werden, von denen doch viele mit ihren Abstufungen und Veränderungen allgemein als schön anerkannt und bewundert werden.

Ich muß hier die nehmliche Frage, als in Vorhergehenden wiederholen: wenn schöne und veränderliche Farben mit ihren Abstufungen, nebst dem weichen und glatten Gefieder und der Harmonie der zierlichen kleinen Striche des Naturpinsels Vögel mahlerisch machen, welches sind dann die Eigenschaften, welche sie schön machen?

Ich habe diese Punkte, worin ich von Gilpin abgehe, stark verfolgt, weil ich es in Ansehung des Hauptgegenstandes, den ich vor Augen hatte, nehmlich das Studium der Gemälde und der Grundsätze der Mahlerey, als den besten Leiter und Führer in dem Studium der Natur und der Kunstverschönerungen wirklichen Landschaften anzuempfehlen, für sehr nothwendig hielt. Wäre es wahr, daß ein Mahler zum Behuf seiner Kunst durchgängig ein abgenutztes Pferd einem schönen Araber verzöge; — oder daß solche Architecturstücke, welche wegen ihrer Schönheit und Zierlichkeit allgemein bewundert werden, wenn man sie in einem Gemälde anbrächte, steif würden und zu gefallen aufhörten, — so würde kein Mensch Lust kriegen, eine Kunst zu Rathe zu ziehen, welche allen seinen natürlichen Gefühlen widerspräche. Wür-

nach mehr sagen werde,) theils wegen ihrer Handlung und Ausdrucks. Das alles hält der allgemeinen Glattheit des Gefieders auf ihrem Rücken und
Flügeln *), welche sie mit der übrigen gefiederten

da man ihm aber zeigen, daß Mahler jederzeit Schönheit aller Art sowohl bey Thieren, als bey menschlichen
Gestalten (und sonderbar wäre es, wenn es anders
wäre,) bewundert und aufgesucht haben, daß sie weder
Glattheit, noch Symmetrie verwarfen, sondern bloß
die unvernünftige und ekelhafte Darstellung derselben;
daß Schönheit in Absicht auf regelmäßige und vollkommene Architectur eine Hauptzierde in Gemälden
von der höchsten Klasse ausmachte, daß man aber,
während ihre Glattheit, Symmetrie und Regelmäßigkeit blieb, ihre Steifheit vermied; kurz, daß das
Studium der Gemälde, weit entfernt, sein Vermögen
einzuschränken, ihm vielmehr mannichfaltige neue
Quellen der Unterhaltung öfnet, und die alten nicht
verstopfet, sondern nur in bessere Canäle leitet — so
möchte er Lust kriegen, eine Kunst zu Rathe zu ziehen,
welche ihm viel neue und ungeschmeckte Freuden ver-
spricht, ohne ihn zu nöthigen, die vorigen aufzu-
geben.

*) Pindars berühmte Beschreibung von dem Adler,
welche Gilpin als gleich poetisch und mahlerisch angeführt hat, und wofür sie jederzeit, wie ich glaube,
gehalten worden, scheint mir einen neuen Beweis ab-
zugeben, wie natürlich es allen Menschen ist, jede
Idee von Glattheit zu vermeiden, wenn sie die Absicht haben, ein mahlerisches Bild zu erwecken.
Das Wort struppicht vom Gefieder des Adlers
steht sowohl in Wests Uebersetzung, als in Grays
Nachahmung; allein, so viel ich urtheilen kann, so
ist im Original nicht die geringste Spur davon. Ich
habe zwar nicht einmahl die entferntesten Ansprüche
auf eine kritische Kenntniß der Griechischen Sprache;
doch glaube ich immer, daß ein Ungelehrter, wenn er

Drittes Kapitel.

Schöpfung gemein haben, das Gegentheil. Endlich haben unter unserm Geschlechte Bettler, Zigeuner und alle solche zerlumpte Gestalten, die bloß und allein mahlerisch sind, in allen den Eigenschaften, die sie dazu machen, mit alten Viehschuppen und

den Geist einer Stelle fühlt, durch Hülfe solcher Ausleger, die sie kritisch studirt haben, zu einem ziemlich genauen Begriff von der Bedeutung des Ausdrucks gelangen kann. Aus diesen erhellt es mir, daß Pindar, weit entfernt, den Adler mit struppichten Federn oder mit irgend einem wahrhaft mahlerischen Umstande, zu beschreiben, im Gegentheil jede Idee, welche die Ruhe und die majestätische Schönheit seines Bildes stören könnte, vermieden hat. Nachdem er des Adlers sinkenden Fittig beschrieben, setzt er hinzu: ὑγρὸν νῶτον αἰωρει, welches dem struppichten so entgegen steht, daß es jene vollkommene Glattheit und Schlichtheit, die durch die Nässe entsteht, zu bedeuten scheint, jene öligte Geschmeidigkeit, die von allen krausen oder geknitterten so verschieden ist, da ὑγρὸν ελαιον, die glatte, geschmeidige, nie trocknende Eigenschaft des Oels ausdrückt. Der gelehrte Christian Damm erklärt in seinem Lexikon κνωσσων ὑγρὸν νῶτον αἰωρει, durch dormiens incurvatum (vel potius laeve) tergum attollit, und es ist diejenige Bewegung, die in einem sanften Heben beym Athemholen zur Zeit einer stillen Ruhe besteht. An einem andern Orte erklärt Damm ὑγροτης durch mollities; ebenfalls dem struppichten ganz entgegen. Man muß beynahe auf die Gedanken kommen, daß Pindar, indem er ein zugleich erhabnes und schönes Bild darstellen wollte, alles, was dessen stille und feyerliche Größe stören könnte, vermieden hat; denn er hat den ausgezeichnetesten und ganz mahlerischen Zug dieses edlen Vogels gleichsam in einen Schatten geworfen; κελαινωπιν δ'επι δι νεφελαν αγκυλω κρατι, ϐλεφαρων αδυ κλαιστρον, κατεχευας; ein Zug, welchen Homer in einem Gleichniß voller

Drittes Kapitel.

Mühlen, mit dem wilden Pferde und andern Gegenständen von dergleichen Art eine genaue Aehnlichkeit.

Action und mahlerischer Bilder in sein vollkommenstes Licht gestellt hat:

'Οι δ'ώστ' αιγυπιοι γαμψωνυχες αγκυλοχειλαι,
Πετρη εφ υψηλη μεγαλα κλαζοντε μαχονται.

Da ich mich erkühnt habe, beydes die Uebersetzung und Nachahmung des Pindars zu kritisiren, so will ich einen Schritt weiter wagen, und versuchen, den Grund anzugeben, warum man die Stelle so verstanden hat. Ich glaube, bey West und Gray hatte sich wahrscheinlich eben die Idee, als bey Gilpin festgesetzt, daß die Bilder in dieser Stelle höchst mahlerisch wären, sie mögen aber gefühlt haben, daß glatte Federn sich mit diesem Character nicht vertragen, und daher vielleicht (wie Joshua Reynolds über Algarottis übel gegründete Lobrede auf ein Gemälde von Titian angemerkt hat,) gefiel es ihnen, in Pindar das zu finden, was sie glaubten, daß sie finden müßten. Mit aller Achtung, die ich gegen ihre Talente und Gelehrsamkeit habe, (welche bey Gray unschätzbar sind,) muß ich glauben, daß sie durch ein Wort den Character dieser berühmten Stelle geändert haben, und es steht dahin, ob sie ihn verbessert haben.

Würde ihr Bild im Gemälde vorgestellt, so könnte es für das Auge rührender und anziehender seyn, als das von Pindar; und dies ist der wahre Character des Mahlerischen; aber das seinige würde mehr von jener Ruhe, jener feyerlichen Masse, jenem Freyseyn von allem Geräusche haben, das sich, wie ich glaube, mit dem ächten unvermischten Character der Schönheit sowohl, als Erhabenheit, und mit den Ideen des großen Originals gewiß mehr verträgt.

Drittes Kapitel.

Würdigere Charactere, als zum Beyspiel ein Belisar, ein Marius *) im hohen Alter und Exil haben eben die Mischung von Mahlerischheit und gesunkener Größe, als die ehrwürdigen Ueberbleibsel von der Pracht des Alterthums.

Steigen wir hinauf zu der höchsten Ordnung erschaffener Wesen, so wie sie von dem erhabensten unserer Dichter gemahlt sind, so erwecken sie in dem Zustande ihrer Herrlichkeit und Seligkeit vorzüglich Ideen von Schönheit und Erhabenheit; als irdische Gegenstände werden sie, wenn sie gestürzt sind, mahlerisch — wenn Schatten ihren ursprünglichen Glanz verdunkelt haben, und jener einförmige, obgleich englische Ausdruck reiner Liebe und Freude durch eine Mannichfaltigkeit kämpfender Leidenschaften zernichtet worden:

„So verdunkelt, glänzte er doch über sie alle, „der Erzengel; aber tiefe Narben des Don„ners hatten sein Gesicht zersetzt, und Kum„mer saß auf seiner bleichen eingefallenen „Wange; doch unter den Augenbraunen von „unverzagtem Muth und bedächtigem Stolze „wartete Rache, grausam war sein Auge, „doch zeigte es Merkmale von Reue und „Leidenschaft."

*) Das berühmte Gemälde von Salvator Rosa bey Lord Townsend, welches im Kupferstiche Belisar genennt wird, hat man für einen Marius unter den Ruinen von Carthago gehalten.

Drittes Kapitel.

Wendet man sich von der Natur zu derjenigen Kunst, von welcher selbst der Ausdruck genommen ist, so wird man alle die Grundsätze der Mahlerischheit bestätigt finden. Salvator Rosa ist unter den Mahlern, wegen seines mahlerischen Stils, einer der berühmtesten, und man sieht bey keinem Meister solche gebrochene und rauhe Formen, solche plötzliche Abweichungen sowohl an seinen Figuren, als in seinen Landschaften; und die Rauheit und gebrochenen Striche seines Pinsels passen ungemein zu den Gegenständen, die sie characterisiren.

Hingegen war Guido eben so wegen Schönheit groß; an seinen himmlischen Gesichtern sind die glücklichsten Beyspiele von allmähliger Abänderung — von Linien, welche in einander schmelzen und fließen; keine plötzliche Abbrechung — nichts, was jenes angenehme Schmachten, welches die Vereinigung alles dessen, was Schönheit bestimmt, der Seele einflößt, stören kann. Der Stil seines Haars ist so glatt, als dessen Character und Wirkung bey Begleitung des Gesichts erlaubt; das Fließende seiner Draperie — die Anmuthigkeit und Gleichheit seines Pinsels — der Silberglanz und Reinheit seiner Tinten sind lauter Beyspiele, die die Richtigkeit von Burkes Grundsätzen der Schönheit beweisen. Selbst aber dieses großen Meisters Werke beweisen, wie unvermeidlich es auf Einförmigkeit und Geschmacklosigkeit führt, wenn man bloß auf Schönheit und fließenden Umriß sein Augenmerk richtet. Wenn das einem Mahler von so großen Vorzügen widerfahren ist, der den Werth aller zu seiner Kunst gehörigen Dinge so gut kannte, und dessen Pinsel, wenn er einen heiligen Petrus oder einen heiligen Hieronymus mahlte, wegen der geistvollen und characteristischen Rauheit eben so sehr, als wegen der Gleichheit und Glattheit an seinen Engeln und Madonnen bewundert wurde — was muß mit denen geschehen, welche ihre ganze Lebenszeit über in einem Baumklumpen oder einem Gürtel gleichsam eingesperrt sind?

Ich kann nicht unterlassen, noch ein anderes Beyspiel von Contrast zwischen zwey berühmten Mahlern anzuführen, da es die Verwandtschaft zwischen Rauheit und Mahlerischheit, und zwischen Glattheit und Schönheit bestätigt, und die im letztern Falle erfolgende Gefahr der Einförmigkeit beweist. Unter allen den Mahlern, die einen großen Ruhm hinter sich gelassen, war vielleicht keiner einförmiger glatt, oder weniger auf Gebrochenheit jeder Art abgewichen, als Albani; keiner hat auch mehr Eintönigkeit des Characters, aber wegen der außerordentlichen Schönheit und Delicatesse seiner Formen und Tinten (besonders an seinen Kindern) und seiner vortreflichen Ausführung sind wenig Gemälde so allgemein hinreißend.

Sein Schüler, Mola, ist (und dieser Umstand macht die Sache um so sonderbarer,) wegen solcher entgegengesetzten Eigenschaften, solcher, die Salvator

Rosa auszeichnen, in gleichem Grade berühmt, wiewohl er nicht das Kühne und Belebende dieses Originalgenies hat. Es wird schwerlich einen Mahler geben, dessen Gemälde das Auge eines Kenners mehr hinreißen, oder die Aufmerksamkeit eines der Mahlerey unkundigen Menschen weniger auf sich ziehen, als die von Mola. Salvator hat eine wilde Größe, die oft im höchsten Grade erhaben ist; und Erhabenheit fesselt bey jeder Gestalt die Aufmerksamkeit; Mola's Scenen aber und Figuren sind größtentheils weder erhaben, noch schön, sie sind rein mahlerisch; sein Pinsel ist nicht so rauh als von Salvator; sein Colorit hat überhaupt mehr Reichthum und Mannichfaltigkeit; und seine Gemälde sind nach meinem Urtheile die vollkommensten Muster des höhern Stils der Mahlerischheit, der sich von der gewöhnlichen Natur unendlich entfernt, aber weder das Weiche und Zarte der Schönheit, noch jene Größe der Gedanken hat, welche das Erhabne erzeugt.

Viertes Kapitel.

Mahlerischheit scheint daher zwischen Schönheit und Erhabenheit ihren Standort zu haben, und vielleicht dieserwegen ist sie mit beyden häufiger und glücklicher vermischt, als diese mit einander. Dessen ungeachtet ist sie von einem sowohl, als vom andern unterschieden; und erstlich in Hinsicht auf Schönheit ist es aus allem bisher klar und deutlich, daß sie auf ganz entgegengesetzte Eigenschaft gegründet ist, die eine auf Glattheit *), die andere auf Rauheit; —

---

*) Kahlheit scheint eine Ausnahme zu seyn, da in dem Falle Glattheit mahlerisch, und nicht schön ist. Jedoch ist sie eine Ausnahme, die, anstatt das Gesagte zu schwächen, es vielmehr bekräftiget, und beweist, wie beyde Charactere auch da, wo ihre Ursachen mit einander vermengt zu seyn scheinen, einander beständig entgegengesetzt bleiben.

Kahlheit ist die Glattheit des Alters und der Abnahme, nicht der Jugend, Gesundheit und Munterkeit: sie ist deswegen mahlerisch, weil sie Mannichfaltigkeit und Eigenthümlichkeit des Characters erzeugt, die gewöhnliche Symmetrie und Regelmäßigkeit des Gesichts zernichtet, und an Statt einer bestimmten Gränze eine unbestimmte setzt.

Wenn ein kahler Kopf wohl eingeschmiert und bepudert, und durch Pommade und Puder die Gränze der Stirn deutlich angegeben ist, hat er so wenig Anspruch auf Mahlerischheit, als auf Schönheit.

E

die eine auf allmählige, die andere auf plötzliche Abänderung — die eine auf Ideen von Jugend und Munterkeit, die andere auf Ideen des Alters und auch der Abnahme.

Da aber die meisten Eigenschaften sichtbarer Schönheit (die Farbe ausgenommen,) durch Hülfe eines andern Sinnes zu unserer Kenntniß gelangen, so kommt in Ansehung aller der Empfindungen, die durch schöne Formen erweckt werden, das Gesicht selbst schwerlich mehr in Betrachtung, als das Gefühl; und es wird vielleicht der Unterschied zwischen dem Schönen und Mahlerischen vermittelst des letztern Sinnes am stärksten bestimmt. Ich sehe voraus, daß dieses einem groben und auffallenden Gelächter unterworfen ist; allein eben deswegen wird niemand als ein stumpfer und gemeiner Kopf dabey verweilen.

Burke hat in seiner Schrift über das Schöne und Erhabne angemerkt, daß "die Menschen sich zu dem andern Geschlecht halten, weil es überhaupt Geschlecht ist, und das allgemeine Gesetz der Natur sie dazu treibt; sie sind aber besondern Personen der Schönheit wegen zugethan, ich nenne Schönheit" setzt er hinzu, "eine gesellige Eigenschaft, denn wenn Weiber und Männer, und nicht allein diese, sondern auch andere Geschöpfe uns, wenn wir sie betrachten, ein Gefühl von Freude und Vergnügen erwecken, so flößen sie uns Empfindungen der Zärtlichkeit und Liebe gegen ihre Person ein, wir haben sie gern um

Viertes Kapitel.

uns, und errichten eine Art von Verwandtschaft mit ihnen."

Diese Empfindungen der Zärtlichkeit und Liebe hat uns die Natur durch Liebkosungen, durch sanftes Drücken auszudrücken gelehrt, dieser Liebesbezeigungen bedienen wir uns auch (wo das Geschlecht gar nicht in Betracht kommt,) gegen schöne Kinder und sogar gegen leblose Dinge, und wo die Größe und Character (als bey Bäumen, Gebäuden u. dergl.) dergleichen Verwandtschaft ausschließt, scheint doch immer etwas von dem nehmlichen Unterschiede der Empfindung zwischen diesen und rauhen Gegenständen statt zu haben; diese Empfindung wird aber vermindert, je nachdem die Größe eines schönen Gegenstandes zunimmt, und so wie er sich der Größe und Pracht nähert, entfernt er sich von Liebenswürdigkeit.

So wie das Auge viele von seinen Empfindungen dem Gefühle abborgt, eben so scheint dieses hinwiederum andere vom Gesichte zu borgen. Sanfte, frische und schöne Farben erwecken in uns, ob sie gleich „nicht sowohl für das Gefühl, als für das Gesicht empfindbar sind," ein Verlangen, ihre Wirkung auf das Gefühl zu versuchen; da hingegen, wenn die Farbe nicht schön ist, dieses Verlangen immer, wie ich glaube, geringer ist, und bey bloß mahlerischen Gegenständen, die ohne alle Schönheit sind, selten erregt wird *).

---

*) Ich habe wirklich in einem Feenmährchen von einem Lande gelesen, wo man Alter und Runzeln liebte,

Viertes Kapitel.

Das sind die vorzüglichsten Umstände, wodurch das Mahlerische von dem Schönen unterschieden ist. Es unterscheidet sich aber gleichfalls von dem Erhabnen; denn obgleich beyde einige Eigenschaften mit einander gemein haben, so gehen sie doch in vielen wesentlichen Punkten von einander ab, und haben von ganz verschiedenen Ursachen ihren Ursprung. Erstlich, ist Größe der Dimension *) eine wichtige Ursache des Erhabnen, das Mahlerische hat mit keiner besondern Art von Dimension Verbindung, und wird eben so oft an den kleinsten, als größten Gegenständen angetroffen.

Da sich das Erhabne auf Grundsätze des Schauer- und Schreckenvollen gründet, so steigt es niemahls zu einer leichten oder kurzweiligen Sache herab; das Mahlerische aber, dessen wesentliche Unterscheidungsmerkmale Verwickelung und Mannichfaltigkeit sind, ist zu der erhabensten und lustigsten Scenerie gleich geschickt. — Unermeßlichkeit ist eine von den wirk-

und mit Liebkosungen überhäufte, und Jugend und Munterkeit nicht achtete; doch ist in der wirklichen Welt das mahlerischste Weib, so sehr auch ihr Bewunderer dieserwegen auf sie liebäugelt, vor seinen Caressen völlig sicher.

*) Ich will keinesweges auf Größe der Dimension zu viel Gewicht legen; allein, was Burke in Absicht auf Gebäude angemerkt hat, ist von vielen natürlichen Gegenständen, als zum Beyspiel, von Felsen, Castabern u. dergl. wahr; wo der Maßstab zu klein ist, da wird keine Größe in der Manier den Dingen Erhabenheit verschaffen.

Viertes Kapitel.

samsten Ursachen des Erhabnen, der unbegränzte Ocean flößt deswegen schauerliche Empfindungen ein; will man ihm Mahlerischheit geben, so muß man jene Ursache seiner Erhabenheit vertilgen, denn das Mahlerische hängt sehr von der Gestalt und Beschaffenheit seiner Gränzen ab.

Einförmigkeit (die vom Mahlerischen eine so große Feindin ist,) verträgt sich nicht allein mit dem Erhabnen, sondern ist oft Ursache davon. Jenes allgemeine gleichmäßige Dunkel, das vor einem Sturm über die ganze Natur ausgebreitet ist, ist nebst der Stille, die von Shakespear*) so vortreflich beschrieben worden, im höchsten Grade erhaben. Das Mahlerische erfodert mehrere Mannichfaltigkeit, und zeigt sich nicht eher, bis der furchtbare Donner die Region zerrissen, die Wolken in tausend sich thürmende Gestalten gestoßen, und gleichsam die Winkel des Himmels geöfnet hat. Eine von Schatten unvermischte Lichtflamme bezweckt nach eben den Grundsätzen bloß das Erhabne. Milton hat Licht in seinem herrlichsten Glanze, als eine unzugängliche Barriere um den Thron des Allmächtigen herum gestellt:

„Denn Gott ist Licht, und wohnte immer nur in ungenähertem Lichte von Ewigkeit her,"

---

*) „Und oft, wenn wir vor einem Sturm eine Stille am Himmel sehen, die Schiffstrümmern stille stehen, die kühnen Winde sprachlos, und den Erdkreis selbst so geschweigt, als Tod, zerreißt plötzlich der furchtbare Donner die Region."

und hat sogar dessen vermindertem Glanze eine solche Stärke ertheilt, daß

„die glänzendsten Seraphinen sich nicht nähern, sondern mit beyden Schwingen ihre Augen verhüllen."

In Einer Stelle hat er in seiner erhabnen Vorstellung der Gottheit sehr mahlerische Umstände dargestellt, hat es aber gethan, da die Gottheit im Zorne ist, — und es geschieht, wenn wir wegen der Ohnmacht und Eingeschränktheit unserer Vorstellungen die Nahmen und Wirkungen unserer Affecten dem vollkommensten Schöpfer beylegen.

„Und Wolken begannen den ganzen Hügel zu verfinstern, und Rauch, widerstrebende Flammen in dunkeln Windungen fortzurollen, das Zeichen des Zorns erwachte."

Jedoch hat er überhaupt, wo die Herrlichkeit, Macht und Majestät Gottes vorgestellt werden, jene Mannichfaltigkeit der Form und des Colorits vermieden, welche die einfache und einförmige Größe schmälern könnte, und hat das göttliche Wesen mit ungenähertem Lichte oder mit majestätischem Dunkel umgeben.

Ferner, (wenn wir auf die Erde herabsteigen,) so sind ein senkrechter Felsen von ungeheurer Masse und Höhe, wenn gleich nackt und ungebrochen — eine tiefe Kluft unter denselben Umständen Gegenstände, die schauerliche Empfindungen erwecken; aber

Viertes Kapitel. 71

ohne einige Mannichfaltigkeit und Verwickelung entweder an ihnen selbst oder ihren Begleitungen sind sie nicht mahlerisch. — Endlich ist dieses ein sehr wesentlicher Unterschied zwischen beyden Characteren, daß das Erhabne das Liebenswürdige *) der Schönheit durch seine Feyerlichkeit vermindert, dagegen das Mahlerische es noch einnehmender macht.

Nach Burken ist der Affect, der durch das Große und Erhabne in der Natur erregt wird, wenn diese Ursachen am mächtigsten wirken, — Erstaunen; und Erstaunen ist der Zustand der Seele, wo alle ihre Bewegungen mit einem Grade von Schauder aufgehalten werden; das Erhabne wirkt auch, da es auf Ideen von Furcht und Schrecken gegründet ist, gleich denselben, so, daß es die Fibern über ihrem natürlichen Tone ausdehnt. Der Affect, der durch Schönheit erweckt wird, ist Liebe und Wohlgefallen; er wirkt, indem er die Fibern etwas unter ihrem natürlichen Tone erschlaffet **), und dieses ist

---

*) Majestät und Liebe, sagt der Poet, der die Kunst zu lieben am meisten studirt hatte, können nimmer beysammen wohnen; und deswegen hatte Juno, deren Schönheit mit Majestät vereiniget war, nicht eher einnehmende Reitze, bis sie den Gürtel angelegt hatte, das heißt, bis sie Würde mit Coquetterie vertauscht hatte.

**) Ich habe diesen Theil von Burkes Buche critisiren hören, da man annahm, daß die Ursache vom Vergnügen überhaupt mehr in der Reitzung, als Erschlaffung der Fibern läge. Ich aber glaube, daß Burke in Absicht des Vergnügens, das die Wirkung der

Viertes Kapitel.

mit einem innern Gefühl von Schmelzen und Schmachten vergesellschaftet.

Ob diese Beschreibung von den Wirkungen der Erhabenheit und Schönheit genau philosophisch sey,

Schönheit, oder alles dessen, was nur mit Schönheit Aehnlichkeit hat, ist, nach den Grundsätzen, die er aufgestellt hat, Recht hat. Niemahls fühlte jemand, (wenn man nach seinen Bekenntnissen urtheilen kann,) stärker, als Rousseau sowohl den Sporn oder Reitz des sinnlichen Vergnügens, als alle die heftigen und stürmischen Bewegungen der Leidenschaften; gleichwohl ist offenbar das, was er als den höchsten Genuß der Liebe und Schönheit beschreibt, dieses, wenn die Fibern etwas unter ihrem natürlichen Tone erschlaffet sind: O jeunesse, si je regrette tes plaisirs, ce n'est pas pour l'heure de la jouissance, c'est pour celle, qui la suit.

Untersuchen wir unsere Gefühle, die wir an einem warmen schönen Tage in einer Gegend haben, die voll der sanftesten Schönheiten der Natur ist, wo der Frühling Wonnegerüche um uns herum aushauchet, so scheint alsdann Vergnügen unser natürlicher Zustand zu seyn und von uns genossen zu werden, ohne daß wir es suchen; die Seligkeit, nur für Empfindungen der Freuden zu leben, findet sich da. Wir sind unwillig, daß wir uns bewegen, ja, daß wir denken solln, und wollen nur fühlen, genießen.

Wie ganz anders ist nicht jene thätige Aufsuchung des Vergnügens in einer wilden romantischen Gegend, da die Fibern durch ein strenges angreifendes Wesen angezogen und gespannt werden, da die Thätigkeit des Körpers mit der Seele fast gleichen Schritt hält und begierig jeden felsichten Vorberg ersteigt, jeden neuen Schlupfwinkel untersucht. So groß ist der Unterschied zwischen dem Schönen und Mahlerischen.

Viertes Kapitel.

das ist, wie ich glaube, bezweifelt worden; aber ob die Fibern in dergleichen Fällen wirklich gespannt oder schlaff werden, davon bietet sich durch die Empfindungen, die durch Liebe und Erstaunen oft erregt worden, ein lebhaftes Bild dar. Ich möchte noch, um den nehmlichen Gang von Ideen fortzusetzen, hinzufügen, daß Neugierde die Wirkung des Mahlerischen ist; eine Wirkung, die, wenn sie gleich nicht glänzend und mächtig ist, einen allgemeinern Einfluß hat; sie erschlaffet nicht, noch dehnt sie die Fibern gewaltsam, sondern erhält sie durch ihre thätige Kraft in ihrem vollen Tone, und auf die Art bessert sie, wenn sie mit einem von den beyden andern Characteren vermischt ist, das Schmachten der Schönheit oder den Schauder der Erhabenheit. Da aber dies das Wesen der Besserung seyn muß, daß sie der eigenthümlichen Wirkung der zu bessernden Sache etwas benimmt, so thut dies auch das Mahlerische, wenn es mit einem von den beyden andern vereinigt ist. Es ist die Coquetterie der Natur, es macht Schönheit unterhaltender, abwechselnder, kurzweiliger, aber auch minder sanft, minder liebenswürdig und mild. Ferner erregt es durch seine Mannichfaltigkeit, Verwickelung und partielle Verbergungen jene thätige Neugierde, welche dem Geiste Kürzweil verschafft, und erweitert jene eiserne Bande, womit Erstaunen dessen Kräfte fesselt *).

---

*) Dies scheint auf die Tragicomödie völlig anwendbar, und dient zugleich zu derselben Vertheidigung und Verwerfung. Alles, was der Seele bey einem star-

Viertes Kapitel.

Wo Charactere, so unterschieden sie auch ihrer Natur nach von einander sind, in so mancherley Graden und auf so verschiedene Weise beständig mit einander vermischt sind, da ist es nicht immer leicht, eine genaue Gränzlinie zu ziehen; doch glaube ich, kann man den Schluß machen, daß Ein Gegenstand oder eine Reihe Gegenstände, wenn sie ohne Glattheit oder Größe sind, aber wegen ihrer Verwickelung, ihrer plötzlichen und unregelmäßigen Abweichungen, ihrer Mannichfaltigkeit der Formen, Tinten und Lichter und Schatten ein gebildetes Auge interessiren, schlechthin mahlerisch sind; von der Art sind zum Beyspiel die rauhen Ufer, die oft einen Beyweg oder eine Defilee durch grüne Hecken einschließen. Man denke sich das Größenmaß dieser Ufer und den Zwischenraum vergrößert, so daß die Straße eine starke Vertiefung — die kleinen Höhlen große Kluften — die hervorguckenden Steine hangende Felsen wären, so, daß das Ganze eine Idee von Ehrfurcht und Größe einflöße, — alsdann würde das Erhabne mit dem Mahlerischen vermischt seyn, obgleich nur der Maßstab, und nicht der Stil der Scenerie verändert worden. Wären hingegen einige Stellen der Ufer glatt und sanft abhängig, — oder wäre der mittlere Raum ein weicher knapp abgebissener Rasen, — oder flöße zwischen den Ufern ein sanfter Strom, dessen helle ungebrochene Spiegelfläche ihre Abwechslungen zurückwürfe, — dann

ken Eindruck Erholung gibt, schwächt natürlich diesen Eindruck.

Viertes Kapitel.

würde das Schöne und Mahlerische vermittelst des Sanften, Weichen *) und Glatten mit einander vereinigt seyn.

*) Weich sowohl, als Glatt ist durch Uebung und Gewohnheit eine sichtbare Eigenschaft geworden, und eben dieser Art von Sympathie wegen bey vielen Gegenständen des Gesichts ein Grundsatz der Schönheit. Da aber die härtesten Körper diejenigen sind, die die größte Politur, und folglich den höchsten Grad von Glattheit annehmen, so gibts eine Menge Gegenstände, an welchen Glattheit und Weichheit dieser Ursache wegen unvereinbar sind. Dessen ungeachtet wird nicht selten das eine für das andere fälschlich genommen, und ich habe mehr als einmahl Gemälde, welche so glatt bearbeitet waren, daß sie wie elfenbeinerne sahen, wegen ihrer Weichheit loben hören.

Die Haut eines zarten Frauenzimmers ist ein Beyspiel von vereinigter Weichheit und Glattheit, wird aber der Haut durch die Kunst eine größere Politur gegeben, so wird die Weichheit (und in diesem Falle möchte ich hinzusetzen) die Schönheit vernichtet. Pelzwerk, Moos, Haare, Wolle u. dergl. sind verhältnißmäßig rauh, aber weich, und geben dem Drucke nach; und deswegen vermindern sie das Ansehn des Harten, und auch Geschliffenen; ein Stein oder Felsen, der durchs Wasser polirt worden, ist glätter, aber nicht so weich, als wenn er mit Moos überzogen ist; und nach diesen Grundsätzen haben die beholzten Ufer eines Flusses oft eine weichere Hauptwirkung, als der nackte kahle Rand eines Canals. Eben der Unterschied befindet sich zwischen dem Grase eines Luststücks, das knapp an der Erde gemähet worden, und dem Grase einer jungen Wiese, und es ereignet sich häufig, daß durch das beständige Mähen sowohl das Grün, als das Weiche verloren geht. So sehr zernichtet eine übertriebene Liebe zu einem Grundsatze selbst dessen Endzwecke.

Viertes Kapitel.

Dies alles zeigt, daß die beyden Charactere, obgleich von einander unterschieden, doch selten gänzlich unvermischt sind; denn so wie an vielen schönen ganzen Gebäuden mahlerische Umstände sind, so gibt es auch an vielen mahlerischen Ruinen Umstände, die schön sind.

Fünftes Kapitel.

Von den drey Characteren stehen nur zwey in jedem Grade in der Gewalt des Anlegers; das Erhabne zu schaffen, ist über unsere eingeschränkten Kräfte, ob wir gleich dessen Wirkungen durch die Kunst bisweilen vermehren und zu jeder Zeit vermindern können. Es kann und muß daher die Kunst, Anlagen zu machen und wirkliche Landschaften zu verbessern, auf das Schöne und auf das Mahlerische ihre gehörige Aufmerksamkeit richten.

Da Schönheit unter allen Ideen für den menschlichen Geist die ergötzendste ist, so ist es ganz natürlich, daß man vorzüglich nach ihr strebt, und daß ihr Nahme von jeder Art von Vortreflichkeit gebraucht worden ist. Burke hat vieles zur Feststellung der schwankenden und widersprechenden Begriffe, die man über diesen Gegenstand die Zeit her hatte, dadurch gethan, daß er den vorzüglichsten Ursachen und Wirkungen desselben nachforschte. Da aber die beste Sache oft zu den schlechtesten Absichten gemißbraucht wird, so ist seine bewundernswürdige Abhandlung vielleicht mit Ursache von der Geschmacklosigkeit gewesen, die unter dem Nahmen von Verbesserung eines Platzes geherrscht hat. Wenig Plätze haben auf Erhabenheit Anspruch, und, wo die Natur nicht diesen Character gegeben, ist die Kunst unwirksam. Schönheit ist daher der Hauptgegenstand, und die Anleger haben von der höchsten Autorität gelernt, daß Glattheit und allmählige Abänderung zwey der vorzüglichsten Ursachen derselben sind; diese Eigenschaften sind an sich selbst sehr verführerisch, aber sie sind es noch mehr deswegen, (wenn man sie bey der Oberfläche des Erdbodens anwendet,) weil es in jedermanns Gewalt steht, sie hervorzubringen; es wird dazu weder Geschmack, noch Erfindungskraft erfodert, sondern einzig und allein die mechanische Hand und Auge eines gewöhnlichen Arbeiters, und derjenige, der ein hübsches Spargelbeet machen kann, hat eine der wesentlichsten Geschicklichkeiten eines Anlegers, und kann bald das ganze Geheimniß abschüßiger und abhängiger Ebenen lernen.

Wenn die Grundsätze des Schönen nach Burken und die des Mahlerischen nach meinen Ideen richtig sind, so geschieht es selten, daß diese völlig unvermischt sind; und ich glaube, daß aus Mangel an Beobachtung, wie die Natur sie mit einander gemischt hat, und daß man Gegenstände durch Hülfe der Glattheit und hinfließenden Linien schön zu machen unternommen hat, so viel Geschmacklosigkeit entstanden ist.

Der bezauberndste Gegenstand, den das Auge des Mannes anschauen kann, der sich gleich bey Erwähnung der Schönheit der Einbildungskraft darstellt, gegen den alle andere Schönheit geschmacklos

Fünftes Kapitel.

und uninteressant erscheint, ist — das Gesicht eines schönen Frauenzimmers, aber gerade da hat die Natur an ihren vollkommensten Modellen die Schönheit, wo sie ihren Thron, ihren eigentlichen Reichssitz errichtet hat, vor ihren beyden Feinden — Geschmacklosigkeit und Eintönigkeit — verwahrt. Die Griechen, die man keiner Vernachlässigung des Studiums der Natur, oder, wie die Niederländischen Mahler, einer sklavischen Nachbildung alles dessen, was vor ihnen war, beschuldigen kann, urtheilten, daß die gerade Linie der Nase und Stirne nothwendig sey, um allen andern fließenden Linien des Gesichts eine Erhöhung zu geben, und daß die Augenbraunen und Augenwimper durch ihre über die durchsichtige Augenfläche hervorragenden Schatten, und vor allen andern das Haar durch seine verhältnißmäßige Rauheit und partielle Verbergungen das Weiche, Helle und Glatte aller übrigen Theile begleiten und heben müsse. Wo das Haar nichts natürlich rauhes oder struppichtes hat, wird es oft künstlich frisirt und gekräuselt *), und man kann es

*) Das Werkzeug zu diesem Behuf ist sicherlich sehr alten Ursprungs, indem Virgil (der wahrscheinlich die Sitten und Gebräuche des heroischen Zeitalters studirt hat,) glaubt, daß es zur Zeit des Trojanischen Krieges im Gebrauch gewesen, und den Turnus vom Aeneas verächtlich sprechen läßt, weil seine Haarlocken parfümirt, und, wie Madame de Sevigné es ausdrückt, frises naturellement avec des fers waren:
Vibratos calido ferro myrrhaque madentes.
Das natürliche Rauhe oder Krause des Haars wird oft als eine Schönheit angeführt — l'aurée crespe crini — capelli crespe et lunghe et d'oro

sich nicht vorstellen, wie beyde Geschlechter so oft in dem, was sie am besten zu zieren pflegt, verkannt worden sind.

Die Blumen sind die zartesten und schönsten von allen leblosen Gegenständen; aber ihre Königin, die Rose, wächst auf einem rauhen Strauche, der sägenförmige Blätter hat, und voller Dornen ist. Die Moosrose hat überdies noch eine rauhe haarichte Franze, die fast einen Theil von der Blume selbst ausmacht. Der Erdbeerbaum ist mit seiner Frucht, herunter hangenden Blumen und prächtig glänzendem Laube vielleicht der schönste unter allen ausdauernden immer-

> Das Haar hat in vielen Punkten eine auffallende Verwandtschaft mit den Bäumen; sie ähneln sich einander in der Verwickelung, Zähheit oder Biegsamkeit und Geschwindigkeit des Wuchses; ferner darin, daß sie durchs Verschneiden neue Kräfte zu erlangen scheinen, und daß sie von den harten Körpern, aus denen sie wachsen, isolirt sind; sie sind die mannichfaltig abwechselnden Gränzen, die losen und lockern Franzen, ohne welche die bloße Erde oder das bloße Fleisch, sey es auch noch so schön gebildet, kahl und unvollkommen ist, und einen Schmuck entbehrt, der am meisten ziert.
> In katholischen Ländern, wo man glaubt, daß jene unglücklichen Opfer des Geizes und Aberglaubens auf alle Gedanken, unser Geschlecht zu erfreuen, Verzicht thun, ist das Haarabschneiden, als eine Aufopferung des am stärksten verführenden Schmucks der Schönheit, die erste und vornehmste Ceremonie; und die steife Kante des Haarbandes, die kein einziges Härchen entwischen läßt, ist gut ausgesonnen, die Wirkung der Gesichtszüge zu vertilgen.

Fünftes Kapitel.

immergrünenden Stauden; aber die Rinde davon ist
rauh und an den Blättern, (welche, wie die Rosen-
blätter, gesägt sind,) richten sich die Kanten auf-
wärts und hängen in Spitzen klumpenweise zusammen, und vielleicht dieses Umstandes wegen, und
weil die Zweige eben diese aufgerichtete Stellung
haben, nennt ihn Virgil arbutus horrida, oder,
wie in einigen Handschriften steht, horrens *).

*) Dieses Beywort wird häufig von scharfen gespitzten
und zackichten Gegenständen, in eben dieser in die
Höhe gerichteten Stellung, gebraucht — horrenti-
bus hastis — cautibus horrens Caucasus — horri-
dior rusco, etc. Die Delphinische Ausgabe glaubt,
daß der Erdbeerbaum genannt werde horrida, quia
raris est foliis; allein der Erdbeerbaum ist im gesunden Zustande ganz und gar nicht dünn von Blättern. Ruäus mag vermuthlich diese Idee aus einem
Verse in der 7ten Ecloge genommen haben — rara
tegit arbutus umbra, welches er erklärt durch raris
inumbrat foliis; aber in einer andern Stelle nennt
ihn Virgil frondentia arbuta, und wenn rara in der
ersten Stelle dünn bedeutet, (wie Martyn es auch
übersetzt hat,) so paßt es nicht wohl zu tegit und des
Schäfers Verlangen — sollticium pecori defendite.
Ich glaube daher, rara kann in dieser Stelle (wie in
vielen Sprachen) vortreflich bedeuten — rarum,
quod non ubique reperitur, unde pro praestanti
sumitur. Steph. Thes. Martyn glaubt, er würde
wegen der Rauheit seiner Rinde horrida genennt;
allein, es ist wahrscheinlicher, daß einem Baume ein
Beywort, das ihm im Allgemeinen beygelegt wird,
von der äußern Gestalt, als von einem besondern
Theile, der nicht recht sichtbar, und oft ganz und gar
versteckt ist, gegeben wird. Manche Pflanzen spitzen
ihre Blätter unterwärts, als der Flieder, der Kasta-
nienbaum, der Portugiesische Lorbeerbaum. — Wer

F

Fünftes Kapitel.

Unter den ausländischen Eichen, Ahornen u. dergl. werden diejenigen vorzüglich geschätzt, deren Blätter (nach einem gewöhnlichen, wiewohl vielleicht widersprechenden Ausdruck,) schön gezackt sind.

Der Orientalische Platanus ist immer für ein Baum von der größten Schönheit angesehen worden. Des Königs Xerxes besondere Liebe gegen einen von diesen ist, so wie auch der hohe Werth, in dem sie bey den Griechen und Römern standen, allgemein bekannt. Die Fläche der Blätter von diesem Baume ist glatt und glänzend, und von einem hellen angenehmen Grün; sie selbst aber sind so tief gezahnt, und so voll spitziger Winkel, daß man oft den Baum selbst durch den Nahmen des zackichten Orientalischen Platanus von andern unterscheidet.

Das Weinblatt*) hat in jeder Rücksicht eine große Aehnlichkeit mit dem Platanusblatte, und jene außerordentliche prächtige Wirkung, von der jeder-

Lust hat, den Erdbeerbaum und den Portugiesischen Lorbeerbaum mit einander zu vergleichen, an denen beyden die Blätter sägeförmig sind, wird finden, wie sehr das Beywort horrens zu dem ersten paßt. Von dem Worte horreo sagt Stephanus, proprie cum pili setaeque in animante eriguntur; das heißt in der gemeinen Sprache, wenn die Haare zu Berge stehen, capilli horrent.

*) Das Blatt des Burgundischen Weinstocks ist rauh, und daß dieser, in Betreff der Schönheit, gegen die glattblättrigen Weinstöcke von geringerm Werthe ist, ist, wie ich glaube, ganz augenscheinlich und offenbar diesem Umstande zuzuschreiben.

Fünftes Kapitel.

mann an beyden gerührt wird, ist größtentheils den spitzigen Winkeln, den plötzlichen Abwechslungen, die mit der Idee von Schönheit (für sich betrachtet,) so sehr streiten, zuzuschreiben. Hingegen ist eine schöne Weintraube in Ansehung der Form, Tinte, des Lichts und Schattens ein Beyspiel von unvermischter Schönheit, und der Weinstock mit seiner Frucht, einer der einleuchtendsten Beweise von Vereinigung beyder Charactere, wo jedoch der Character der Schönheit bey weitem herrscht; und wer wird es wagen, zu behaupten, daß die Reize des Ganzen größer seyn, wenn man diese Charactere trennt? wenn man alle Winkel und scharfen Spitzen wegnimmt, und den Umriß der Blätter so rund und fließend, als an der Frucht, macht? — Die Wirkung dieser zackichten Spitzen und Winkel ist stärker bey Bildhauerarbeit zu bemerken, besonders bey metallenen Vasen, wo das Weinblatt, wenn man es unvorsichtig mit der Hand betührte, wenigstens beweisen würde, daß das Spitzige dem Schönen im Gefühl ganz zuwider sey; und die Analogie zwischen beyden Sinnen ist gewiß sehr richtig. Es kann auch angemerkt werden, daß an allen solchen Arbeiten Scharf in der Ausführung ein Ausdruck von großem Werthe ist.

Ich muß hier bemerken, (und zugleich den Leser bitten, seine Aufmerksamkeit auf einen Umstand zu richten, der mir ein starkes Licht auf das Ganze der Materie zu werfen scheint,) daß alle Verzierungen rauh sind, und die meisten spitzig, welches letztere eine Art der Rauheit ist, und, analogisch betrachtet, jeder Art der Schönheit widerstreitet. So wie aber die Verzierungen rauh sind, so ist der Grund durchgängig glatt; dies beweist, daß, obgleich Glattheit der Grund und die wesentliche Eigenschaft der Schönheit ist, ohne welche sie kaum bestehen kann, doch die Rauheit in ihren verschiedenen Stufen und Abänderungen die Zierde und gleichsam die Franze der Schönheit ausmacht, und dasjenige ist, was ihr Leben und Geist gibt, und sie vor Kahlheit und Geschmacklosigkeit bewahrt*). Die Säule ist glatt,

---

*) Der Ton der menschlichen Stimme, als der schönste unter allen Tönen, erscheint am vortheilhaftesten, wenn ein Grad von Spitzigen oder Scharfen in dem Instrumente ist, das ihn begleitet, wie zum Beyspiel in der Harfe, Violin oder dem Clavessin; die Flöte und selbst die Orgel haben zu viel von Gleichartigkeit des Tons, sie geben der Stimme keine Erhebung; es ist eben so, als wenn glattes Wasser mit glatten Ufern begleitet wird. Oft werden in den anmuthigsten und fließendsten Melodien Dissonanzen (die mit Winkeln und dem Spitzigen Aehnlichkeit haben,) angebracht, um das Ohr von jener Ermüdung und Mattigkeit, welche das lang anhaltende Glatte oder Fließende veranlaßt, zu erholen. Wird aber jemand sagen, daß, allein betrachtet, der Ton von einem Clavessin so schön sey, als von einer Flöte oder menschlichen Stimme, oder daß sie mit einander zusammengestellt seyn müssen? oder, daß Dissonanzen so schön seyn, als Consonanzen, oder daß beyde zusammen schön sind, weil, wenn sie mit Beurtheilungskraft mit einander vermischt sind, das Ganze anmuthiger und gefälliger ist? Beweist das nicht, daß das, was ganz richtig schön, weil die wesentlichen Eigenschaften der Schönheit vor-

Fünftes Kapitel.

das Capital rauh; die Stirnwand eines Gebäudes glatt, der Frieß und Karnieß rauh und plötzlich vorstechend: dieselbe Bewandniß hat es mit Vasen, gestickter Arbeit und jeder Sache *), wo Verzierung statt findet, und da Verzierung der am meisten hervorragende und in die Augen fallende Theil eines schönen Ganzen ist, so wird sie häufig für den wesentlichsten Theil genommen, und erhält in Beschreibungen den ersten Platz. Wollte aber ein Baumeister sowohl die Schäfte, als die Capitäler seiner Säulen und das ganze glatte Steinwerk seines Hauses oder Tempels verzieren, so würden wenig Menschen seyn, die nicht den Unterschied zwischen einem schönen Gebäude und einem reich verzierten empfänden. Dies ist, nach meinen Gedanken, der Geist jenes be-

züglich herrschen, genennt wird, häufig, ja, durchgängig zusammengesetzt ist, und daß man der beständigen Verfahrungsweise der Natur und der vernünftigen Kunst zuwider handelt, wenn man Gegenstände dadurch schöner zu machen sucht, daß man sie dessen, was der Schönheit ihre stärksten Reize verschafft, beraubet?

*) „Ein mit Edelsteinen reich besetzter und von Gold rauher Becher." — Pallam signis auroque rigentem.

Man überlege, welches das natürliche, das einzige Verfahren bey Verzierung einer glatten Fläche, ohne Rücksicht auf Farbe, sey; es muß dieses seyn, daß man sie weniger glatt, das heißt, verhältnißmäßig rauh macht: es müssen da verschiedene Stufen und Abänderungen des Rauhen, des Spitzigen seyn, und das ist der Character jener Zierrathen, die Jahrhunderte hindurch bewundert worden sind.

rühmten Verweises, den Apelles (der wegen Schönheit unter allen Mahlern des Alterthums am berühmtesten ist,) einem seiner Schüler, der eine Helena mit Zierrathen überladete, gab: „du hast sie, o Jüngling," sagte er, „unvermögend sie schön zu machen, reich gemacht."

Sechstes Kapitel.

Da, ungeachtet Burke alles, was Schönheit betrifft, in ein mannichfaches und helles Licht gesetzt, und sehr genaue und recht überzeugende Analogien von den andern Sinnen gezogen, um zu beweisen, wie sehr Glattheit der Schönheit wesentlich ist *), doch dieser Satz in Zweifel gezogen worden; so hoffe ich nicht, daß man es mir als eine Vermessenheit auslegen wird, wenn ich einige fernere Erläuterungen über eine Materie, die er so weitläuftig und auf eine so musterhafte Art abgehandelt hat, gebe. Die Sache geht mich in der That außerordentlich viel an;

*) Jemand von den entschiedensten Talenten und durchgängig genauer Beurtheilungskraft, der aber auf diese Materie wenig Fleiß verwendet hatte, behauptete, daß eine Menge Gegenstände ohne die geringste Glattheit schön, und das Mahlerische immer entweder in dem Erhabnen oder in dem Schönen begriffen wäre. Ich fragte ihn, wie er eine alte rauhe bemooßete Eiche mit plötzlich und unregelmäßig abweichend gewundenen Aesten, die keinen Character von Größe hätte, nennen wollte. Er würde sie, sagte er, einen hübschen Baum nennen. Wahrscheinlich würde er gestaunt haben, wenn ich eine von Rembrants alten Hexen ein hübsches Frauenzimmer genannt hätte; und gleichwohl sind sie einander so sehr ähnlich, als es nur ein Baum und ein Weib gut seyn kann.

Sechstes Kapitel.

denn, wenn seine Grundsätze falsch sind, so sind es ebenfalls die meinigen.

Ich glaube, der Zweifel ist daher entstanden, weil man angenommen hat, daß alles, was das Auge stark anziehet und einnimmt, in dem Erhabnen und Schönen begriffen sey. Ich hoffe aber, mir schmeicheln zu dürfen, daß die gemeinschaftliche Betrachtung und Vergleichung der drey Charactere ein wechselseitiges Licht auf jeden geworfen, und daß das Mahlerische einen leeren Platz zwischen dem Erhabnen und Schönen einnimmt, und von dem Vergnügen Rechenschaft gibt, das wir von vielen Gegenständen nach Grundsätzen, die von jenen beyden unterschieden sind, erhalten, und diese Gegenstände sollten daher in eine eigne Klasse gesetzt werden.

Eine Hauptwirkung der Glattheit, dem sie vielleicht ihre Macht, so allgemein zu gefallen, zu verdanken hat, ist diese, daß sie allen Gegenständen einen Schein von Stille und Ruhe ertheilt, da hingegen Rauheit*) Geist und Leben gibt. Das scheinen

---

*) Unter Rauheit verstehe ich, was auf irgend eine Art der Glattheit entgegengesetzt ist, alles, was rauh, holperig oder eckigt ist, es mag der Gegenstand polirt oder nicht polirt seyn. Nach dieser Definition können polirte Flächen, wenn sie zu Ecken geschnitten worden, als polirter Stahl, Glas, oder Diamant nicht mehr als glatte Gegenstände, wenn gleich ihre Theile glatt sind, angesehen werden.

Ein Diamant, wenn er glatt ist, hat wie andere polirte Flächen einen beträchtlichen Grad von Reiz,

Sechstes Kapitel.

mir auch die herrschendsten Wirkungen des Schönen und Mahlerischen, das die Mittel zu seyn, wodurch sie wirken, und wenn diese Vordersätze wahr sind, so wird es richtig geschlossen seyn, daß, wo Glattheit fehlt, fehlt auch Ruhe, und folglich Schönheit, und, wo auf der andern Seite keine Rauheit ist, ist auch kein Geist und Reitz, und folglich keine Mahlerischheit.

Der Sinn des Gesichts hat (wie ich oben bemerkte,) dem Gefühl eine so große Anzahl Eindrücke zu verdanken, daß man keinen von dem andern abgesondert betrachten kann; derjenige würde daher gar nicht gut über die Wirkungen des Gesichts philosophiren, der unsere Ideen vom Rauhen und Glatten, vom Harten und Weichen, von der Dicke, Entfernung u. dergl. übergehen wollte, weil wir sie ursprünglich durch das Gefühl erhielten. Ich würde dieser-

(stimulus,) wird aber seine Fläche zu scharfen Spitzen und Winkeln geschnitten, so wird er unendlich mehr reitzend; von diesen Winkeln, von diesen scharfen Spitzen kommt es, daß ein Diamant den auszeichnenden Nahmen eines Brillianten erhält; ohne diese würde ihn ein Stück geschnittenes Glas mit mehrerm Rechte verdienen.

Man kann ferner (um gebrochenes Licht aus einem andern Gesichtspunkte zu betrachten,) den völligen ununterbrochenen Glanz der untergehenden Sonne ertragen, ja in die Scheibe selbst ohne viele Beschwerden starr sehen; wenn aber ihre Strahlen dadurch, daß sie durch eine dünne Wand von Blättern und Zweigen (wie in einer zwischen Hecken durchlaufenden Landstraße) gehen, gebrochen werden, so hält kein Auge den Reitz aus.

wegen annehmen, daß alle gebrochene rauhe Flächen, außer der wirklichen Unruhe, die sie vermittelst des gebrochenen Lichts verursachen, durch die Sympathie auch etwas von eben der Wirkung auf das Gesicht, als auf das Gefühl hätten; und, wenn es wahr ist, (wie man es wahrscheinlich anerkennen wird,) daß glatte Flächen, wenn keine unmittelbare Unruhe vom Lichte da ist, dem Auge eine Ruhe gewähren, so müssen rauhe und gebrochene einen entgegengesetzten Eindruck verursachen.

Allein, ob es gleich höchst wahrscheinlich scheint, daß gebrochene und eckige Flächen, theils wegen Sympathie, theils wegen wirklicher Bewegung des Organs mehr reitzen, als glatte, so entsteht doch der Reitz, von dem die dauerhaftesten und merklichsten Wirkungen entstehen, und der auf eine eigenthümliche Art dem Mahlerischen zukommt, und es von dem Schönen unterscheidet, hauptsächlich von den beyden wesentlichen Hauptunterscheidungsmerkmalen desselben, von der Verwickelung und Mannichfaltigkeit, da sie durch Rauheit und plötzliche Abweichung hervorgebracht werden, und der verhältnißmäßigen Eintönigkeit der Glattheit und fließenden Linien entgegen stehen.

Wir wollen einmahl einen glatten Gegenstand nehmen, dessen Linien fließend sind, als zum Beyspiel eine Düne vom feinsten Rasen mit sanftschwellenden Anhöhen und Hügelchen, die jede sanfte und wellenförmige Form haben. Wenn gleich auf dieser

Sechstes Kapitel.

das Auge mit Vergnügen ruhen dürfte, so wird doch das Ganze auf einmahl übersehen, und keine Neugierde weiter erregt. Man verändere aber diese schwellenden Anhöhen (ohne ihr Maß zu ändern,) in kühne gebrochene Vorberge mit rohen überhangenden Felsen, statt des glatten Rasens sey da Ginster, Heidekraut oder Farrenkraut mit kahlen Flecken darzwischen, und Felsenstücke und große Steine, die in unregelmäßigen Massen liegen, so ist es klar, daß, wenn man zwey solche Plätze von einerley Umfange und einerley Maße annimmt, man das Ganze des einen gleich überschauen kann, und wenn man es in jeder Richtung queer durchgeht, auf wenig neues stoßen wird, da hingegen in dem andern jeder Schritt das Ganze der Anlage ändert; denn jeder von den gebrochenen Vorbergen und Felsenstücken hat so viele plötzlich abwechselnde Formen und Ansichten, als er Brechungen hat, selbst, wenn sie ohne Licht und Schatten sind; wenn aber die Sonne auf sie scheint, so verursacht jede Brechung ein helles Licht, dem ein plötzlicher Schatten gegen über steht, alle diese Vertiefungen, Höhlen und Spalten locken das Auge an, ihre Schlupfwinkel durchzuforschen, erhalten aber seine Neugierde immer gespannt und unbefriedigt, da hingegen in der andern Licht und Schatten eben den einförmigen ungebrochenen Character, als der Grund selbst, hat.

Ich habe bey diesen beyden Scenen alle Erwähnung von Bäumen vermieden; denn an allen

Bäumen von jedem Wuchse befindet sich eine verhältnißmäßige Rauheit und Verwickelung, die allemahl, wenn ihnen nicht durch zu große Geschicklichkeit des Anlegers entgegen gewirkt wird, völlige Eintönigkeit verhindern. Jedoch ist der Unterschied zwischen denen, welchen man es ansieht, daß sie zum Behuf der Schönheit angepflanzt oder vom Unterholz gereinigt sind, und wo der Grund um sie herum völlig glatt ist, und zwischen denen, die verwildert und nicht gereinigt sind, und wo der Grund von demselben Character ist, ganz in die Augen leuchtend. Man nehme zum Beyspiel einen lichten Hain, wo die Bäume, wenn gleich nicht in Reihen, noch in gleicher Entfernung, von einander abgesondert stehen, und von allem Unterholz gereinigt sind, wo der Rasen, auf welchem sie stehen, glatt und eben ist, und ihre Stämme deutlich zu sehen sind. Ein solcher Hain, von völlig ausgewachsenen gesunden Bäumen, welche ihre Wipfel und Zweige auszubreiten Platz hatten, wird mit Recht schön genannt, und wenn ein Sandweg sich sanft hindurch windet, so hat das Ganze den Character.

Allein, wer in Wäldern gewesen, und die Wirkung des wilden verfitzten Buschholzes, das sich zu Blößen, die queer durch die Stämme alter hirschköpfigen Eichen und gewundener Büchen halb zu sehen sind, öfnet, und der unregelmäßigen Geleisen der Räder, der Menschen und Thiere, die ihren Weg in jeder Richtung suchen oder erzwingen,

Sechstes Kapitel.

empfunden hat, der muß gefühlt haben, wie verschiedentlich bey solchen beyden Scenen der Reitz der Neugierde erregt wird; und die Wirkung der Lichter nd Schatten steht mit der Verwickelung der Gegenstände in genauem Verhältnisse.

Aus diesem allen erhellt, daß, so wie ein gewisser Grad von Reitz oder Unruhe bey dem Mahlerischen nothwendig ist, eben so auf der andern Seite eine sanfte und angenehme Ruhe sowohl die Wirkung als das Characteristische des Schönen ist.

Die eigenthümliche Schönheit des schönsten unter allen Landschaftsmahlern characterisirt sich durch die Worte: il reposo di Claudio, und wenn der Geist des Menschen sich in dem wonnevollen Zustande der Ruhe, von welcher Lorrains Gemälde das Bild abgeben, befindet — wenn er jenen milden und gleichmäßigen Sonnenschein der Seele, welcher erwärmt und erfreut, aber nicht brennt oder beunruhiget, empfindet — wenn sich sein Herz vor Seligkeit gleichsam erweitert, so ist er zu jeder Handlung von Güte und Wohlwollen, zur Liebe und Zärtlichkeit gegen alles, was um ihn ist, aufgelegt. Dies sind die Empfindungen, welche Schönheit, im Allgemeinen betrachtet, und ohne Unterschied der Natur oder des Geschlechts einflößt und einflößen muß. Eine Seele in einem solchen Zustande ist einem hellen und stillen See gleich, in dessen Wasser ein ganz gelinder Schlag auf seine Fläche eine entsprechende Bewegung verursacht, daß es sich nach allen Seiten sanft ausbreitet; wenn aber in einen reißenden Strom eine schwere Masse geworfen wird, so ist die Wirkung von kurzer Dauer, oder in einen Fluß, der sich über Steine stürzt oder zwischen Felsen durchwälzt, so währt sie einen Augenblick; dies ist ein Sinnbild der Unruhe, so wie jenes der Ruhe ist.

Unruhe ist wirklich die Quelle von unsern thätigsten und lebhaftesten Vergnügungen, ihre Natur ist aber, wie das Vergnügen, das daraus entspringt, heftig, hastig, ungestümm; — und wenn die Seele durch irgend eine Ursache in Unruhe gebracht wird, so werden jene milden und sanften Bewegungen, die von Schönheit zufließen, und von denen Schönheit die ächte Quelle ist, kaum empfunden. Es mögen einmahl diejenigen, welche die Werke der Natur zu betrachten gewohnt sind, über ihre Empfindungen, die sie bey dem Anblick der glatten und stillen Scene eines schönen Sees, und bey dem Anblicke der wilden abstürzigen und rauschenden Scene eines mahlerischen Flusses hatten, nachdenken; ich glaube, sie werden gestehen, daß diese so verschieden, als die Scenen selbst, waren, und daß nur die Armuth der Sprache uns nöthigt, zwey so von einander unterschiedene Empfindungen mit dem gemeinschaftlichen Nahmen des Vergnügens zu belegen.

Nachdem ich die Wirkungen der Ruhe und Bewegung, die durch die beständig verbleibenden Eigenschaften der materiellen Gegenstände verursacht werden, betrachtet habe, so will ich nun untersuchen,

Sechstes Kapitel.

wie sie durch immaterielle und zufällige Dinge hervorgebracht werden, und in wie fern die mannichfachen Erscheinungen von Licht und Schatten (zwey entgegengesetzte, doch aber fast unzertrennliche Begriffe, die deswegen in der Mahlersprache oft in einen vereinigt werden,) mit den einverleibten Eigenschaften der Gegenstände und ihrer Wirkung auf die Seele zusammenstimmen.

Nichts ist gewöhnlicher, als daß alle starke und glänzende Lichter, alle plötzliche Contraste derselben mit tiefen Schatten, das Gesichtsorgan reitzen. Es ist eben so gewöhnlich, daß alle sanfte ruhige Lichter, und solche, die unvermerkt in Schatten verschmelzen und wieder aus demselben auf dieselbe allmählige Weise hervorfließen, dem Auge eine angenehme *) Ruhe verschaffen. Diese Sätze werden am füglichsten dadurch zu erläutern und ihre Anwendung auf das Schöne und Mahlerische am deutlichsten zu zeigen seyn, wenn man auf die Behandlungsart zweyer Mahler, deren Werke in der größten Achtung stehen,

---

*) Es ist jenes Anmuthige von Ruhe und sanften Wesen, worauf Dichter so viel Gewicht legen, wenn sie die Schönheiten des Mondenlichts beschreiben, welches manche unter ihnen mit einem besondern Vergnügen thun:

»Nun regiert der Mond mit voller Scheibe, und benimmt durch ein ergötzenderes Licht den Dingen das schattige Antlitz.«

Und die gefühlvolle Stelle bey Shakespeare:

»Wie süß schläft das Mondenlicht dort auf jenem Ufer.«

Sechstes Kapitel.

und deren Stil und Character durch allgemeinen Beyfall festgesetzt worden, sein Augenmerk richtet.

Rubens Genie war stark auf die mahlerische Anlage seiner Figuren gerichtet, so daß es oft jede andere Betrachtung der Verwickelung, dem Contrast und den auffallenden Abwechslungen seiner Gruppen aufopferte. Eine solche Anordnung der Gegenstände berechtigt gleichsam, etwas ähnliches in der Behandlung des Lichts und Schattens zu erwarten, und in der That hat man von beyden die auffallendsten Beweise seiner fruchtbaren Erfindungskraft zu verdanken. In Betreff des Glanzes, des so außerordentlichen Schimmers des Lichts, daß es an das Blendende gränzt, können keine Gemälde*) mit denen von Rubens gleiche Ansprüche machen: manchmahl sind diese Lichter fast gar nicht mit Schatten vermischt, zu andern Zeiten brechen sie aus dunkeln Schatten hervor, streichen über die verschiedenen Parthien des Gemäldes, und verursachen jenes Flackern, das für das Auge so einnehmend ist, aber eben so gefährlich, wenn es von geringern Künstlern, die von den Grundsätzen der Harmonie nicht so Meister sind, als

---

*) Ich rede von denen Gemälden (und deren ist eine große Anzahl,) in welchen er starken Glanz zum Zweck hatte. Da keiner alle Grundsätze seiner Kunst vollkommener inne hatte, so ist die feyerliche Masse seines Lichts und Schattens bey manchen Gelegenheiten so rührend, als bey andern die Kraft und der Glanz davon.

Sechstes Kapitel.

als dieser große Mahler, versucht wird. Alle diese blendenden Wirkungen sind durch die geistvolle Behandlung seines Pinsels, durch jene scharfen beseelten Striche *), die jedem Gegenstande Leben und Ausdruck geben, erhöht.

*) Manche Mahler, wenn sie rührende Wirkungen des Lichts vorstellen, drücken die Pinselzüge rauher und stärker aus, als selbst die Eigenschaft der Gegenstände es zu rechtfertigen scheint. Rembrant, welcher vor allen andern in diesen starken Wirkungen glücklich war, trieb auch diese Methode zu schaffen höher, als jeder andere Meister. Diejenigen, die sein berühmtes Gemälde auf dem Rathhause zu Amsterdam gesehen haben, werden sich einer stark illuminirten Figur erinnern, deren Gewand ein Silberstoff ist, mit Franzen, Quasten und anderm Schmuck, die genau von der nehmlichen glänzenden Farbe sind. Es ist das frappanteste Beyspiel, das ich je sahe von der Wirkung dieser rauhen Manier des Pinsels, das hervorzubringen, was dem Schimmern und der Unruhe nahe kommt, die durch wirkliches Licht, wenn es auf einen Gegenstand mächtig wirkt, verursacht wird; und zwar zugleich mit einer gehörigen Aufmerksamkeit auf allgemeine Harmonie, und mit einer solchen siegenden Wahrheit der Vorstellung, als keine hohe Ausführung geben kann.
Ich glaube, daß dies Rechenschaft geben kann von dem Grundsatze, daß Rauheit an materiellen Gegenständen eine Ursache der Unruhe ist: Licht an sich hat nichts, das mit Rauhen oder Glatten eine Verwandtschaft hat; allein, wenn es stark ist, beunruhiget es in einem hohen Grade. Da die Mahlerey nicht einmahl den vollen Glanz des zurückgeworfenen Lichts erreichen kann, und da dieser Glanz durch Unruhe wirkt, so ist es natürlich, daß die Mahler durch einen andern Reitz oder stimulus der Unzulänglichkeit der Kunst zu Hülfe gekommen sind, und sich bestrebt haben,

Sechstes Kapitel.

Correggio's Aufmerksamkeit war (in Betreff der Form,) vorzüglich auf das Fließende des Umrisses und allmählige Abänderung gerichtet, dies ließ er nie ganz aus den Augen, auch bey seinen Verkürzungen; und sein Stil des Lichts und Schattens ist so angemessen, daß das eine scheint die natürliche Folge des andern zu seyn. Er wird immer angeführt als das vollkommenste Muster jener sanften und unmerklichen Uebergänge, jener Harmonie des Ausdrucks, die vor allen andern die allgemeine Idee von Liebenswürdigkeit einflößt. Die Manier seines Pinsels ist mit dem übrigen genau von einem Stücke; alles scheint in einander geschmolzen, jedoch mit so einer feinen Beurtheilungskraft, daß er durch einige von diesen freyen, aber zarten Strichen die Härte sowohl, als die Geschmacklosigkeit desjenigen, was man hohe Ausführung nennt, vermied. Correggio's Gemälde sind wirklich so weit von Eintönigkeit entfernt, als vom blendenden Lichte; er scheint vor allen andern den genauen Grad von Glanz, der sich mit dem Sanften der Schönheit verträgt, gefühlt zu haben, und, in Absicht der Figuren, das gewesen zu seyn, was Lorrain in Landschaften war.

Die Gemälde von Lorrain sind in einem hohen Grade glänzend; allein dieser Glanz ist über das Ganze derselben so ausgegossen, so glücklich ins

durch Vergrößerung der beunruhigenden Eigenschaft des beleuchteten Gegenstandes es der des Lichts näher zu bringen.

Sechstes Kapitel.

Gleichgewicht gebracht, er ist durch jene beynahe sichtbare Atmosphäre, welche jeden Theil durchdringt, und alles zusammen vereinigt, so erweicht und gemildert, daß nichts das Auge insbesondere anzieht; das Ganze ist Glanz, das Ganze ist Ruhe, alles ist erleuchtet, alles in der süßesten Harmonie. Rubens ist in seinen Landschaften so sehr von Lorrain verschieden, als er in seinen Figuren von Correggio abweicht; sie sind voller Eigenthümlichkeiten und mahlerischen Erscheinungen in der Natur, voller auffallender Contraste der Form, Farbe und des Lichts und Schattens; Sonnenstrahlen sind da, die durch eine kleine Oefnung in ein dunkeles Gehölze hervorbrechen — ein Regenbogen, der gegen einen stürmischen Himmel steht — Wirkungen des Donners und Blitzes — Ströme, die sich über mit den Wurzeln ausgerissene Bäume und über die Leichname von Menschen und Thieren herabwälzen, nebst vielen andern erhabnen und mahlerischen Umständen. Diese plötzlichen Lichtblicke, diese Lichtströme, diese kühnen Gegensätze von Wolken und Dunkelheit, die er so vortreflich dargestellt hat, würden alle Schönheit und Eleganz des Claude Lorrain zerstören; auf der andern Seite würde der milde *) und gleichmäßige Sonnenschein

G 2

---

*) Nichts ist so einnehmend oder stimmt so sehr mit unsern Begriffen von Schönheit, als das Lächeln eines schönen Angesichts; doch haben sie bisweilen eine rührende Mischung von dem andern Character. Von dieser Art ist das Lächeln, das plötzlich von einer ernsthaften, manchmahl fast gestrengen Miene aus-

Sechstes Kapitel.

dieses bezaubernden Mahlers sich eben so schlecht mit den gewundenen und sonderbaren Formen, und der kühnen und beseelten Mannichfaltigkeit der Landschaften vertragen.

Diese wenigen Beyspiele aus der Mahlerey (und man könnte deren leicht mehrere anführen,) zeigen, wie sehr Sanftheit, Glattheit, allmählige Abwechslung der Form, unmerkliche Uebergänge von Licht zu Schatten und allgemeine Ruhe die characteristi-

bricht, und, wenn dieser Strahl vorüber ist, keine Spur zurückläßt ---

»Gleich dem Blitz in einer geschwärzten Nacht, so viel nur ein Mensch Zeit hat zu sagen, siehe! verzehren die Zähne der Finsterniß es auf.«

Auf diese plötzliche Wirkung haben oft die Italienischen Dichter gedeutet, wie es aus ihrer Anspielung auf das äußerst Plötzliche und Blendende der Lichter erhellt; --- gli scintilla un riso --- lampeggia un riso --- il balenar d'un riso.

Es giebt noch ein anderes Lächeln, das in dem nehmlichen Grad mit den Ideen von Schönheit allein übereinzustimmen scheint, es ist jenes Lächeln, das von einer Seele voller Holdseligkeit und Empfindsamkeit herkommt, und, wenn es vorüber ist, immer seinen milden und liebenswürdigen Eindruck auf das Gesicht zurückläßt, so wie nach Sonnenuntergange das milde Glühen ihrer Strahlen über jeden Gegenstand noch verbreitet ist. Dieses Lächeln, nebst dem Glühen, das es begleitet, ist von Milton schön gemahlt, so wie es einem Bewohner des Himmels höchst würdig ist:

»Dem der Engel mit einem Lächeln, das himmlisch rosenroth, der Liebe eigne Farbe, glühte, also antwortete.«

Sechstes Kapitel.

schen Kennzeichen der wegen Schönheit berühmtesten Künstler sind; und diese Ursachen wirken in der Verbindung so mächtig, daß, ungeachtet des reinen Umrisses und der glücklichen Mischung des antiquen Characters bey Raphael, ungeachtet des engelischen Ansehns des Guido und der eigenthümlichen und besondern Schönheiten anderer Mahler, ich doch glaube, daß die meisten Menschen, wenn man sie fragte, welche Gegenstände (alle Umstände zusammen genommen) ihnen am schönsten vorkämen, und den sanftesten und angenehmsten Eindruck hinterlassen hätten, für Correggio stimmen würden — In der Schönheit der Landschaften hat Lorrain keinen, der ihm gleich käme.

Siebentes Kapitel.

Diese Wirkungen der Harmonie und Ruhe führen mich natürlicherweise auf jenen Hauptgrundsatz *) der Mahlerey (denn er ist der Hauptgrundsatz der Natur, der Zusammenhang und Harmonie verschafft,) — auf die Masse von Licht und Schatten.

Was man Masse nennt, scheint genau eben die Verwandtschaft mit Licht und Schatten zu haben, welche Glattheit mit materiellen Gegenständen hat; denn so wie alle unebne Flächen mehr Unruhe verursachen, als die glatten, und am meisten solche, die zu kleinen Unebenheiten gebrochen sind, so sind auch diejenigen Lichter und Schatten, die zerstreut und gebrochen sind, unendlich mehr beunruhigend, als die ausgebreiteten und ununterbrochenen. Jeder, der nur einigermaßen beobachtet, muß bemerkt haben, wie breit die Lichter und Schatten an einem schönen Abend in der Natur, oder (welches beynahe einerley ist,) in einem Gemälde von Lorrain sind. Er muß

*) Oder vielmehr, in einem richtigern und vollständigern Gesichtspunkte, derjenigen Kunst, welche vorzüglich, mittelst des Lichts und Schattens die Formen der Dinge auf einer ebnen Fläche vorstellt, und da sie mit Farben nichts zu thun hat, jede Art von Zeichnung und Kupferstechens in sich faßt.

Siebentes Kapitel.

nicht minder den überaus großen Unterschied zwischen solchen Lichtern und Schatten, und jenen magern und zerstückelten bemerkt haben, die manchmahl die Werke der Mahler, die in andern Rücksichten von großen Vorzügen sind, verunstalten, und die in der Natur herrschen, wenn die Sonnenstrahlen von einer Menge weißflinkernder Wolken zurückgeworfen und nach allen Seiten zerstreut, ein stets sich änderndes blendendes Licht verursachen, und das Auge in einem Zustande von steter Unruhe erhalten. Alle dergleichen zufällige Wirkungen, die von Wolken entstehen, sind, ob sie gleich den allgemeinen Grundsatz in starkem Lichte darstellen, und sich für das Studium aller Liebhaber der Mahlerey oder der Natur ungemein schicken, doch, da sie nicht in unserer Gewalt stehen, für den Anleger von keinem zu großen Nutzen; dessen ungeachtet steht ein großer Theil in unserer Gewalt, und ich glaube, man kann es als einen ganz allgemeinen Satz aufstellen, daß nach dem Maße, als die Gegenstände zerstreut, nicht zusammenhängend und fleckweise sind, die Lichter und Schatten es auch sind, und umgekehrt.

Wenn man sich zum Beyspiel eine ununterbrochene Reihe von Hügeln denkt, die entweder ganz beholzt oder ganz nackt, und unter dem Einfluß der niedrigstehenden unbewölkten Sonne sind, so werden alle Stellen, die der Sonne ausgesetzt sind, ein großes breites Licht, die aber vor ihr verborgen, einen breiten Schatten auf sich haben. Denkt man sich ferner dieses Gehölze auf eine solche Art gelichtet, daß Massen, Gruppen und einzelne Bäume in solcher Stellung geblieben, daß sie ein angenehmes und zusammenhängendes Ganze, wenn gleich mit freystehenden Theilen, darstellen; oder denkt man sich die nackten Hügel nach demselben Stil bepflanzt, so wird die Mannichfaltigkeit von Licht und Schatten sehr vermehrt, und die ganzen Massen doch immer erhalten werden; es würde auch diesen Massen kein Eintrag geschehen, wenn sich ein alter Ruin, eine Bauerhütte oder sonst ein Gebäude von einer ruhigen Tinte zwischen den Bäumen zeigte. Wenn aber das Gehölze so gelichtet wäre, daß es ein armseliges zerstreutes, nicht zusammenhängendes Ansehn hätte; oder, wenn die Hügel mit Baumklumpen, Flecken und einzelnen Bäumen bepflanzt wären, so würden die Lichter und Schatten eben die gebrochene zertheilte Wirkung, als die Gegenstände selbst, haben. Käme dazu ein grober Contrast, als zum Beyspiel Baumklumpen von Fichten und weiße Gebäude dazu, so würde die Unruhe um vieles vermehrt werden. In allen diesen Fällen wird das Auge, an statt, daß es auf einem ausgebreiteten zusammenhängenden Ganzen ruhen sollte, durch kleine getrennte nicht zusammenstimmende Parthien aufgehalten und ermüdet. Ich setze natürlich voraus, daß die Sonne auf diese verschiedenen Gegenstände mit gleichem Scheine wirkt; denn an einigen Tagen ist der ganze Himmel so voller einander widerstreitender Lichter, daß die schattigsten Haine und Zugänge kaum ihr feyerliches Ansehn

Siebentes Kapitel.

behalten, und an andern erweicht die Atmosphäre (wie die letzte Glasur eines Gemäldes) alles, was roh ist, durch die ganze Landschaft zu einem mürben Wesen.

Dies ist eigentlich die Wirkung des Halblichts oder Dämmerung *); denn zu dieser wonnevollen Zeit pflegt sogar künstliches Wasser, so nackt, geschliffen und kahl auch seine Ufer seyn mögen, öfters einen augenblicklichen Reitz zu bekommen, indem alles, was zerstreut und abgeschnitten ist, alles das einem Mahlerauge mißfällt, in eine breite und

---

*) Milton, auf dessen Auge jede Eigenschaft und Gradation des Lichts einen sehr empfindlichen Eindruck machte, (und davon ist vielleicht in einem hohen Grade die Schwäche, und folglich Reitzbarkeit dieser Organe Ursache, redet immer mit besonderm Vergnügen von der Dämmerung. Er hat sogar das umgekehrt, was Sokrates mit der Philosophie that, er hat Dämmerung von der Erde gerufen und in den Himmel gesetzt:

> Von jenem hohen Berge Gottes her, wo
> Licht und Schatten entspringen, hatte sich das
> Antlitz des hellsten Himmels in angenehme
> Dämmerung verwandelt.

Was dabey sonderbar ist, er hat den Schatten zugleich mit dem Lichte zu einem wirklichen Dinge, und nicht bloß einer Beraubung desselben gemacht, eine Ehre, die, wie ich glaube, dem Schatten noch nie vorher widerfuhr, das man aber von seiner Abneigung gegen blendendes Licht, die er so häufig und so stark ausdrückte, erwarten konnte:

> Verbirg mich vor des Tages blendendem Auge,
> Wenn die Sonne ihre flackernden Strahlen zu
> werfen beginnt.

schmeichelnde Harmonie von Licht und Schatten zusammen gemischt wird. Es ist mir mehr als einmahl in einer solchen Stunde begegnet, in eine Gegend, die mir ganz neu war, zu kommen, und ich wurde durch das Ansehn des Gehölzes, Wassers und der Gebäude, die auf die glücklichste Art einander zu begleiten und von einander abzustechen schienen, in dem höchsten Grade bezaubert, und habe eine Ungeduld gefühlt, alle diese Schönheiten bey Tage zu betrachten. „Endlich kam der Morgen, und — kalte Gleichgültigkeit." Der Reiz, welcher sie zusammenhielt, und so mächtig als ein Ganzes wirken ließ, war dahin.

Man könnte vielleicht sagen, daß die Einbildungskraft durch einige unvollkommene Winke Schönheiten, die kein wirkliches Daseyn haben, bildete, und daß natürlich Gleichgültigkeit daher käme, weil jene Phantoms nicht realisirt worden wären. Ich bin weit entfernt, die Macht partieller Verbergung und Dunkelheit über die Einbildungskraft zu leugnen; allein es ist in diesen Fällen eben diese Reihe Gegenstände, wenn man sie bey Halblichte sieht, oft als ein Gemälde schön, und würde in hohem Grade so aussehen, wenn sie auf der Leinwand genau vorgestellt würde; am hellen lichten Tage aber löst gleichsam die Sonne auf, was so glücklich mit einander vermischt war, und trennt ein rührendes Ganze in abgesonderte Parthien, die keinen Eindruck machen.

Siebentes Kapitel.

Nichts, glaube ich, würde zur Bildung eines Geschmacks für allgemeine Wirkung und allgemeine Anordnung größere Dienste leisten, als wenn man einerley Scenen nach Sonnenuntergange und am vollen Tage beobachtete. In der That thut Dämmerung, was ein Anleger thun muß; sie bringt zusammen, was vorher zerstreut war, sie füllt starrende magere leere Plätze, sie zernichtet das Geschliffene, Scharfkantige, und dadurch, daß sie Schatten sowohl als Licht dem Wasser ertheilt, vermehrt sie zugleich seinen Glanz und Sanftheit. Man muß aber bemerken, daß Dämmerung, während sie das Geschliffene den Gegenständen, die unter dem Horizont sind, benimmt, den Umriß derjenigen, welche dem Himmel gerade entgegen stehen, viel deutlicher und merklicher macht, und folglich die Mängel sowohl als die Schönheiten ihrer Formen entdecken läßt. Von diesem Umstande können Anleger eine sehr nützliche Lection lernen, daß man vorzüglich auf den Umriß gegen den Himmel zu Rücksicht nehmen muß, so daß nichts klumpichtes, mageres oder mißlautendes sich da findet; zu allen Zeiten ist die Form in einem solchen Zustande deutlich zu bemerken, am meisten aber, wenn Dämmerung die andern Parthien in einander geschmolzen. Zu der Zeit fallen viele abwechselnde und zierliche Gestalten von Bäumen und Gruppen in die Augen, die bey der allgemeinen Ausbreitung des Lichts kaum bemerkt wurden; bann macht auch der halsstarrige Baumklumpen (der vorher nur zu deutlich zu sehen war,) am

Horizont ein noch häßlicheres garstigeres Fleck; so lange noch ein Schimmer des Lichts da ist, behauptet er seinen Posten, und weicht nicht eher, bis endlich seine Schwärze mit der allgemeinen Schwärze der Nacht sich vereinigt und undeutlich wird.

Das sind die Kräfte und Wirkungen dieser Massen, die ich eben beschrieben, sie sind eine Quelle vom Gesichtsvergnügen, die von allen andern unterschieden ist; denn Gegenstände, die an sich selbst weder schön, erhaben, noch mahlerisch sind, werden zufälligerweise dadurch, daß sie Massen hervorbringen, für das Auge Vergnügen. Dies scheint Rechenschaft zu geben von dem Vergnügen, das wir von vielen massiven schweren Gegenständen erhalten, welche, wenn sie der Wirkung dieses Harmonie verursachenden Grundsatzes beraubt sind, und einzeln betrachtet werden, unwidersprechlich häßlich sind. So groß ist wirklich die Wirkung der Massen, daß Gemälde oder Zeichnungen, die sie in vorzüglichem Grade besitzen, wenn sie auch kein anderes Verdienst haben, jederzeit die Aufmerksamkeit eines gebildeten Auges vor andern, wo das Detail vortreflich ist, aber dieser Hauptgrundsatz fehlt, auf sich ziehen. Allein der Geist will sowohl gereitzt, als auch geschmeichelt seyn, und es ist hier, so wie in vielen andern Fällen eine große Aehnlichkeit zwischen der Mahlerey und der Musik. Die Hauptwirkung bloßer Massen von Licht und Schatten ist dem Auge das, was dem Ohre die Hauptwirkung bloßer Har-

Siebentes Kapitel.

monie ist, beyde verschaffen eine angenehme Ruhe, ein stilles nüchternes Vergnügen, das, wenn es nicht durch etwas weniger einförmiges gehoben wird, bald in Ueberdruß und Müdigkeit herabsinkt; denn Ruhe und Schlaf sind oft gleichbedeutende Wörter, und immer nahe mit einander verwandt. So wie aber in den wildesten und äußerst excentrischen Musikstücken, in denjenigen, wo plötzlich und geschwind abwechselnde Gemüthsbewegungen ausgedrückt werden, der Grundsatz der Harmonie immer in Acht genommen werden muß, eben so muß der Grundsatz der Massen in Scenen von Getümmel und scheinbarer Verwirrung, und wo die wildeste Scenerie oder die heftigsten Bewegungen der Natur vorgestellt werden, immer beobachtet werden, und man kann hier jene häufig angeführte Stelle von Shakespeare nachsingen: „Selbst im Strom, Sturm und Wirbel der Elemente muß der Künstler, wenn er sie mahlt, sich Massen verschaffen, die denselben ein freundliches Wesen ertheilen."

Es ist aber keine geringe Schwierigkeit, Massen mit dem Detail, der prächtigen Mannichfaltigkeit und dem ausgezeichneten Character der Natur zu vereinigen. Claude Lorrain ist in dieser, so wie fast in jeder andern Rücksicht außerordentlich groß; seine Gemälde haben bey der äußersten Genauigkeit des Details, und Wahrheit des Characters, die Massen der einfachesten Pinselzeichnung, oder Kupferstichs in Aquatinta, wo wenig anderes ausgedrückt oder

Siebentes Kapitel.

beabsichtigt wird. Bey einem starken Lichte sind sie voll interessanter und unterhaltender besonderer Umstände; und so wie Halblicht fortrückt, (eine Wirkung, die ich mit vielem Vergnügen bemerkt habe,) haben sie eben das allmählige Verbleichen der schimmernden Landschaft, als in der wirklichen Natur.

Die Kunst, Masse mit dem Detail und den brillianten Lichtern in Acht zu nehmen, ist von Teniers, Johann von Steen und vielen Niederländischen Meistern sehr glücklich studirt worden. Ostades Gemälde und geätzte Blätter gehören zu den glücklichsten Beyspielen von dieser Sache, aber vor allen andern die Werke jenes seltenen und bewundernswürdigen Meisters, des Gerhard Douw. Sein Auge scheint in Ansehung der kleinlichen Verwebung der Gegenstände eine mikroskopische Kraft gehabt zu haben, (denn sie halten in seinen Gemälden die strenge Prüfung der größten Kenner, die die Dinge durchs Vergrößerungsglas ansehen,) und zugleich das entgegengesetzte Vermögen, alle Nebenumstände in Rücksicht auf Massen und allgemeine Wirkung auszuschließen. Sein Lehrer, Rembrant, brachte, ob er gleich nicht auf kleinliches Detail Rücksicht nahm, doch durch seine siegende Manier, den Hauptcharacter eines jeden Gegenstandes mit gleicher Stärke und Richtigkeit zu bezeichnen, eine Idee von Detail hervor, die das weit übertraf, was wirklich ausgedrückt war. Viele von den berühmten Italienischen Meistern haben dies auch gethan, und zwar mit einem Geschmack und großen, edlen Stil, der den niedern Schulen unbekannt war, wiewohl keiner in der Wahrheit, Stärke und Wirkung Rembrant übertroffen, oder ihm wenigstens gleich gekommen. Wenn aber Künstler, die die Mannichfaltigkeit des Details und diejenigen characteristischen Züge, die dessen Stelle vertreten, vernachlässigen, sich mit bloßer Masse begnügen, und sich diese als den Hauptzweck der Erreichung vorsetzen, so werden ihre Producte und das Interesse, das dieselben erwecken, in Vergleich mit den Stilen, die ich erwähnt habe, das seyn, was eine metaphysische Abhandlung gegen Shakespeare oder Fielding ist; sie werden vielmehr Erläuterungen eines Grundsatzes, als Darstellungen wirklicher Dinge, seyn.

So wie nichts mehr der Eitelkeit und Trägheit der Menschen schmeichelt, als wenn sie eine angenehme allgemeine Wirkung mit geringer Mühe und Arbeit hervorbringen können, eben so hemmt auch nichts mehr den Fortgang der Kunst, als eine solche Leichtigkeit; doch sind diese abstracten Dinge keinesweges ohne verhältnißmäßigen Werth, sie haben sowohl ihren Nutzen, als Gefahr, sie beweisen, wie viel durch den bloßen nackten Grundsatz bewirkt werden kann, und den großen Vorzug, den er allen den Dingen, die darnach gebildet worden, vor denen gibt, die nach gar keinem Grundsatz gemacht, wo die besondern Gegenstände gleichsam Stück für Stück hingestellt worden, und die Verwirrung der Lichter das Auge so verlegen macht, daß man möchte auf die Gedanken kommen, der Künstler hätte nach denselben durch ein Vergrößerungsglas gesehen.

Man wird vielleicht denken, ich hätte mich bey dieser Materie länger aufgehalten, als es der Hauptzweck meines Buches zu erfodern scheint; allein, ob es gleich beym ersten Anblick scheint, als wenn das Studium des Lichts und Schattens unausschließlich dem Mahler zukomme, so wird es doch, wie jede Sache, die sich auf diese bezaubernde Kunst bezieht, für den Anleger von unendlichem Nutzen erfunden werden; in der That sind die Uebertretungen dieses Grundsatzes der Massen und Harmonie von Licht und Schatten vielleicht häufiger, und auf eine unangenehmere Weise beleidigend, als alle andere.

Manche Menschen haben gleichsam eine Art von callus oder Schwiele über ihren Gesichtsorganen, so wie andere über den Organen ihres Gehörs, und wie die callösen Hörer bloß die Pauken und Posaunen vernehmen, so werden die schwielichten Seher nur durch starke Gegensätze von Weiß und Schwarz oder Feuerroth *) gerührt. Ich bin deswegen so weit

---

*) Obgleich Roth eigentlich zur Farbengebung gehört, weil es durch eine bloße schwarze und weiße Zeichnung oder Kupferstich nicht ausgedrückt werden kann, so bin ich doch, wenn eine Tinte so blendend ist, daß sie die Harmonie der Farbengebung zerstört, geneigt zu glauben, daß sie die nehmliche Wirkung auf Masse von Licht und Schatten haben wird.

Siebentes Kapitel.

weit entfernt, über Locke's blinden Mann zu lachen, daß er Scharlach mit dem Schall einer Trompete verglich, daß ich vielmehr glaube, er hatte viel Ursache auf die Entdeckung (wie er that,) stolz zu seyn.

Die natürliche Farbe des Ziegelsteins, könnte man vernünftigerweise glauben, wäre hinlänglich beunruhigend; allein ich habe ziegelsteinerne Häuser von einem noch flammendern Roth gemahlt gesehen, so daß sie (um mich Brown's Ausdrucks zu bedienen,) das ganze Thal in ein Fieber warfen. Weiß hat, wenn es gleich blendend ist, nicht das warme schwüle Ansehn, und es ist von einem so netten und fröhlichen Anblicke, daß man sich nicht wundern dürfte, wenn da, wo der Kalk wohlfeil ist, nur Eine Idee herrschte — nehmlich, alles so weiß als möglich zu machen. Wo dies der Fall ist, ist die Landschaft voller kleiner heller Flecken, die nur dadurch, daß sie fast in Bäumen vergraben sind, dem Mahlerauge gefällig und angenehm werden können; allein, wo eine Gegend ohne natürliches Gehölze ist, und durch Weißen *)

---

*) Man muß mich hier recht verstehen, wenn ich vom Weißen und geweißten Gebäuden rede, so meine ich jenes blendende Weiß, welches durch Kalk allein, oder ohne eine hinlängliche Quantität von einem vermindernden Ingredienz verursacht wird; denn es kann keine wichtigere oder geschwindere Verbesserung seyn, als einem feuerrothen Gebäude von Ziegelsteinen die Tinte eines Steines zu geben. Niemand, glaube ich, wird im geringsten zweifeln, daß Stein (als wie Bath- und Portlandstein u. a. m. die unter dem allgemeinen Nahmen des Quadersteins bekannt sind,) das schönste

und Baumklumpen von Fichten verbessert ist, da würde ein Mahler (wäre er da eingekerkert,) schlechterdings zur Verzweiflung gebracht werden, und sich geneigt fühlen, nicht allein auf seine Kunst, sondern auch sein Augengesicht Verzicht thun.

Eine der entzückendsten Wirkungen des Sonnenscheins ist, daß sie den Gegenständen nicht bloß Licht, sondern jene gelinde Goldfarbe ertheilt, die an sich selbst so schön ist, und, wenn sie zum Beyspiel an einem schönen Abend über die ganze Landschaft ausgebreitet ist, die in der Natur und bey Lorrain so bezaubernde reiche Vereinigung und Harmonie verschafft; sollte aber bey Lorrain oder in der Natur irgend ein Gegenstand mit einem so blendenden Weiß, daß er an dieser allgemeinen Farbe *) keinen Theil

Material zu einem Gebäude sey, und ich glaube, daß es kein Beyspiel von einem Baumeister gibt, der dergleichen Steine, um sie schöner zu machen, weiß gemahlt hatte, aber röthliche oder rothe Steine mögen manchmahl von einer Quadersteinfarbe gemahlt worden seyn. Es scheint daher die Tinte eines schönen Steins ein wahrer Gegenstand der Nachahmung zu seyn; und wenn diejenigen, die ihre Gebäude weiß machen, sich rühmen können, genau die Farbe des Bath- oder Portlandsteins sortirt zu haben, so daß sie weder zu weiß, noch zu gelb ist, so dürfte da die größte Wertheit und Munterkeit ohne blendenden Glanz herrschen.

*) Wegen einer Analogie, deren so oft Erwähnung geschieht, ist es gewöhnlich, zu sagen, daß ein Gegenstand in einem Gemälde oder in der Natur verstimmt sey. Der Ausdruck ist vollkommen richtig; eine einzige verstimmte Note in der Musik pflegt unwider-

Siebentes Kapitel.

nähme, dargestellt werden, so würde die ganze Aufmerksamkeit auf diesen einzigen Gegenstand, troß aller unserer Anstrengung dagegen, gezogen werden; sind deren verschiedene, so wird sich das Auge zwischen denselben zerstreuen. Ferner, um die Sache in einem andern Gesichtspunkte zu betrachten, wenn die Sonne in Schimmer ausbricht, so ist beym Anblicke eines Gegenstandes, der, zwar bloß sichtbar, nun im Glanze erleuchtet sich befindet, und dann allmählig wieder in Schatten sinkt, etwas, das Vergnügen und Verwunderung erregt. Allein ein geweißter Gegenstand ist schon erleuchtet; er bleibt so, wenn alles sich in Dunkelheit zurückgezogen hat, er dringt sich immer noch unserer Aufmerksamkeit auf, und sieht uns immer noch auf eine unverschämte Art starr ins Gesicht.

Eine zwischen Bäumen halbversteckte Bauerhütte von einer ruhigen sanften Farbe, ist mit ihrem Bischen Garten und Pfählen, unter allen ländlichen

stehlicherweise unsere Aufmerksamkeit darauf zu heften, und verschiedene zu zerstreuen, und in beyden Fällen ist es unmöglich, die Harmonie der übrigen zu genießen. Doch ist dabey dieser Unterschied: eine durchgehende verstimmte Note ist geschwind vorüber, aber ein blendender Gegenstand bleibt gleich einer aushaltenden Note standhaft verstimmt, und in diesem Falle verdient er gut den Nahmen, den einmahl ein der Musik unkundiger Freund von mir den aushaltenden Noten überhaupt gab: »ich weiß nicht, sagte er, wie man sie nennt, ich meine eins von den langen Getösen.«

Gegenständen, einer der ruhigsten und schmeichelndsten, und wenn die Sonne darauf scheint und eine Menge lebhafter mahlerischer Umstände darstellt, einer der freudigsten; wenn aber rund herum weggeräumt und sie geweißt ist, so ist ihr bescheidener eingezogener Character dahin, und an ihre Stelle ein immerwährender blendender Schein gekommen.

Sonnenschein ist, wenn er einen Gegenstand von einer nüchternen mäßigen Tinte vergoldet, einem Lächeln gleich, das ein ernsthaftes Gesicht aufhellet; ein geweißter *) Gegenstand ist dem ewigen Fletschen eines Narren gleich.

Außer dem blendenden Glanze ist noch ein anderer Umstand, der oft das Weißen für das Auge äußerst beleidigend macht, (wenn er besonders bey einer unebnen Fläche angebracht ist,) nehmlich, das schmierichte, schwerfällige, kothige Ansehn. Dies ist der Fall bey altem oder rauhen Steinwerk, das mit Weiß beworfen, und wo zwischen den Fugen das Schwarze geblieben ist, und bey Bauerhütten, wo

---

*) Sogar sehr weiße Zähne, (wo übertriebene Weiße am wenigsten zu befürchten ist,) haben, wenn man sie zu sehr sieht, oft ein gewisses einfältiges Ansehn, das der Stelle selbst zuzukommen scheint. Nichts kann diese Wirkung besser characterisiren, als der allgemeine bekannte Ausdruck: der Mann mit den närrischen Zähnen. Diejenigen Personen, die mit purem Weißen viel zu thun haben, dürften gut durch dasselbe Kompliment, das man ihren Gebäuden machte, ausgezeichnet werden.

Siebentes Kapitel.

sowohl das grobe Holzwerk, das die übertünchten Mauern scheidet, als auch die glatten Mauern selbst überstrichen sind; an diesen ist jedoch der Gegenstand von keiner Bedeutung, und die Wirkung verhältnißmäßig; allein, wenn dieser bedauernswürdige Geschmack bey einem alten, einem Schloß ähnlichen Wohngebäude oder bemoosetem wetterfleckigten Thurm einer alten Kirche angebracht wird, so wird es eine Art von Kirchenraub. Ein solches überschmiertes und übertünchtes Gebäude ist, nächst einem geschminkten alten Weibe, das mißfälligste und ekelhafteste, was bey Kunstanlagen vorgenommen werden kann; die Zeit prägt oft auf beyde Dinge, wenn sie in ihrem natürlichen Zustande bleiben, einen angenehmen und ehrwürdigen Eindruck; wenn man sie aber so verfälscht, haben sie weder die Munterkeit der Jugend, noch den sanften mahlerischen Character des Alters, und anstatt anziehend zu werden, sind sie scheuslich anzusehn geworden.

Ich befürchte, es möchte nicht leicht seyn, der allgemeinen Liebe für Deutlichkeit, Sichtbarkeit und freyer Aussicht Einhalt zu thun. Alle Prospectenjäger (eine äußerst zahlreiche Zunft,) thun, wie der heroische Ajax, nur Eine Bitte:

Ποιησον δ'αιθρην δ'ες δ'οφθαλμοισιν ιδεσθαι.

Man lasse sie nur deutlich, man lasse sie genug sehen, so sind sie zufrieden, und man mag noch so viel zu ihrem Besten sagen; Anordnung, Gruppirung, Masse und Wirkung des Lichts und Schattens, Harmonie der Farben u. s. w. werden verhältnißmäßig von wenigen in Betrachtung gezogen und genossen, aber weite Prospecte sind die gewöhnlichsten unter allen Ansichten, und ihr respectiver Vorzug ist durch die Menge Kirchen und Grafschaften allgemein entschieden. Deutlichkeit oder Unterschiedenheit ist daher der Hauptpunkt. Ein Mahler möchte wohl wünschen, verschiedene Hügel von garstigen Gestalten und tausend uninteressante Morgen mit Einem allgemeinen Schatten bedeckt zu sehen; demjenigen aber, der seine Grafschaften überrechnet, ist der Verlust eines schwarzen oder weißen Flecks, eines Baumklumpen, oder eines Sommerhauses der Verlust eines Währsmanns.

Da ferner derjenige, der Prospecten zeiget, viel Vergnügen und Eitelkeit äußert, diese Währsmänner zu zeigen, so äußert der Anleger seiner Seits eben so viel, daß man auf ihn hinweiset, und daher darf man sich nicht wundern, daß so viele Hügel mit diesen Baaken oder Warten des Geschmacks bezeichnet, und so viele Kirchen in dergleichen verwandelt worden sind.

Achtes Kapitel.

Ich habe mich bisher bemüht, das Mahlerische in allem, was sich auf die Form und die Wirkungen des Lichts und Schattens beziehet, aufzusuchen; ich habe mich bemüht, es von dem Schönen und Erhabnen zu unterscheiden, und den allgemeinen Einfluß der Massen auf alle diese zu zeigen. Es ist nun übrig, zu untersuchen, in wie weit dieselben Grundsätze in Absicht der Farben gültig sind. Burke's Begriff des Schönen in Farben scheint mir im höchsten Grade genugthuend zu seyn, und mit allen seinen übrigen Begriffen der Schönheit zusammen zu stimmen. Ich muß zugleich bemerken, daß das Schöne in Farben positiver und unabhängiger Natur ist; da hergegen in dieser Rückficht das Erhabne in Farben in einem hohen Grade relativisch ist, und von andern Umständen abhängt. Eine schöne Farbe ist ein gewöhnlicher und richtiger Ausdruck, niemand steht an, dem Blumenblatte einer Rose oder dem kleinsten Stückchen davon diesen Nahmen zu geben; allein, obgleich die tiefe dunkle Tinte des Himmels vor einem Sturm und ihre Wirkung auf die ganze Natur erhaben ist, so würde doch niemand diese Farbe, (sey sie dunkelblau oder purpurfarbig, oder wie sie nur seyn mag,) wenn man sie ihm allein ohne das andere Zubehör zeigte, eine erhabne Farbe nennen.

Mahlerische Farben zu sagen, ist eben so wenig gewöhnlich, als erhabne, es sind aber doch viele, die man, ohne uneigentlich zu reden, so nennen kann, da sie nichts von dem Sanften, Muntern und Zarten der Schönheit haben, durchgängig aber in Scenen als höchst mahlerisch befunden werden, und ungemein zu denselben passen. Da dieses Wort gewöhnlich eine Beziehung, (wiewohl keine ausschließende,) auf die Kunst hat, nach der es genennt wird, so kann man anmerken, daß Mahler diese Farbe, weil sie die tiefen, vollen und sanften Wirkungen derselben bemerkt, gern in ihren Gemälden angebracht haben, und bisweilen mit völliger Ausschließung derjenigen, die im genauern Sinne schön sind; solche sind zum Beyspiel die braunen Tinten des Herbsts, viele von den mannichfachen Gradationen an den Tinten des Erdbodens bey gebrochenen Gründen, und an den absterbenden Stellen alter Bäume; die Wetterflecken, und viele von den Moosen auf Steinen und Baumstämmen, nebst tausend andern, die ebenfalls von den schönen unterschieden sind. Wenn man neben diese die sanften und zarten Farben der jungen Baumstämme, das frische Grün des Frühlings sowohl an Bäumen als Kräutern, die Blumen und Blüthen des Frühlings stellet, so wird es sich zeigen, in wie viel Fällen mahlerische Farben sowohl als Formen vom Alter und Abnahme entstehen.

Achtes Kapitel.

Der Herbst, (welcher im metaphysischen Sinne von der Abnahme des menschlichen Lebens gebraucht wird,) und nicht der Frühling, dolce primavera, gioventù dell' anno, wird durchgängig des Mahlers Jahrszeit genannt. Und gleichwohl ist sowohl in den wirklichen Reitzen des Frühlings, als in den associirten Ideen von Erneuerung des Lebens und Pflanzenwuchses so etwas recht ergötzendes, daß es eine Verkehrtheit von unsern natürlichen Gefühlen zu seyn scheint, allen den blühenden Hoffnungen des Frühlings die ersten Ahndungen von der Ankunft des Winters vorzuziehen.

Der Herbst muß daher sehr mächtige Reitze (wiewohl von einer andern Art,) haben, und diese müssen mit der Mahlerkunst auf das genaueste verbunden seyn. Deswegen glaube ich, da das Mahlerische (ob es gleich eben so, wie das Schöne, in der Natur gegründet ist,) von dieser Kunst zuerst bestimmt, erläutert und gleichsam ans Licht gebracht worden, daß eine Forschung nach den Gründen, warum der Herbst und nicht der Frühling des Mahlers Jahrszeit genannt wird, noch mehr Einsicht in die von einander unterschiedenen Charactere des Mahlerischen und Schönen, insbesondere in Rücksicht der Farben, verschaffen wird.

Ist etwas in der ganzen Reihe der Künste, von dem man recht eigentlich fodert, daß es ein Ganzes sey, so ist es ein Gemälde. In Musikstücken kann man besondere Takte ohne Schaden von dem Ganzen trennen, und in jeder Art Dichtkunst, und Schreibart überhaupt können einzelne abgerissene Scenen, Episoden, Stanzen u. dergl. an und für sich betrachtet und genossen werden; es ist auch in der That nicht jeder Geist so beschaffen, daß er bey der Fortdauer eines langen Werkes den Zusammenhang der verschiedenen Theile und ihre Abhängigkeit von einander bemerken und behalten kann; allein in einem Gemälde werden die Formen, Tinten, Lichter und Schatten, alle ihre Verbindungen, Wirkungen, Uebereinstimmungen und Gegensätze auf einmahl vor das Auge gebracht, und mit einem Blick in Vergleichung gestellt; und daher mögen auch besondere Farben noch so schön — die Lichter noch so lebhaft und hell seyn — wenn ihnen Vereinigung, Masse und Harmonie fehlt, so fehlt auch dem Gemälde seine wesentlichste Eigenschaft — es ist kein Ganzes. Es kommt daher, nach meinen Begriffen, von diesem Umstande der Vereinigung und Harmonie, verbunden mit dem Vollen, Tiefen und Sanften der Tinten her, daß die absterbenden Reitze des Herbsts oft in des Mahlers Auge über die frischen und blühenden Schönheiten des Frühlings triumphiren.

Die Farben des Frühlings verdienen im wahresten Sinne des Wortes den Nahmen der Schönheit, sie haben alles, was uns diesen Begriff gibt, das Frische, Muntere und Lebhafte, nebst dem Sanften und Zarten. Ihre Schönheit wird wirklich vor allen andern allgemein anerkannt, so daß jede Vergleichung und Erläuterung der Schönheit von ihnen genommen wird.

Die frühen Bäume haben außer ihren frischen Farben eine besondere Lockerheit und Durchsichtigkeit ohne Nacktheit, ihr neues Laub dient ihnen zur Decoration, nicht zur Verbergung, und man sieht die Formen ihrer Aeste durch daßelbe, wie unter einem dünnen Gewande die Glieder des menschlichen Körpers; tausend zitternde Lichter spielen um und zwischen ihren Zweigen in jeder Richtung, selbst in die innersten Stellen der Gehölze. Die Umstände, welche die Bäume in dieser Jahrszeit ganz besonders auszeichnen, sind von Gray in zwey Versen aus seinem schönen lyrischen Fragmente characterisirt:

»Und streut (der Frühling) sein sehr zartes frisches Grün locker über der lebenden Scene herum.«

Mir scheint's, als wenn man aus diesen zwey Versen, in welchen die Schönheiten der frühen Belaubung mit so bewundernswürdigem Geschmacke und Genauigkeit ausgehoben sind, auch die Ursachen schließen könnte, warum diese Schönheiten überhaupt, für die Mahlerey sich nicht so glücklich schicken.

Um ein Ganzes hervorzubringen, haben die Mahler viel mit breiten starken Massen zu thun, diese vertragen sich selten mit einem allgemeinen Ansehn von Lockerheit, noch weniger mit dem, was zerstreut herum liegt.

Man sollte natürlicherweise glauben, daß frisches und zartes Grün, das in der Natur jedem Auge so gefällt, auch auf der Leinwand gefallen müßte; und dies ist auch oft der Fall, wenn ihm andere Tinten das Gleichgewicht halten, aber nicht, wenn es locker zerstreut herum und über der ganzen Scene ausgebreitet ist. Frisch heißt in der einen Bedeutung schlechtweg kühl; und ich glaube, diese Idee ist beynahe immer mit diesem Worte gewissermaßen verbunden, und wenn gleich wirklicher Sonnenschein (und dies kommt vielleicht von seiner wirklichen Wärme sowohl als Glanze,) einer ganz grünen Landschaft in der Natur Glühen und Leben ertheilt, so ist doch nichts schwerer in der Mahlerey, oder seltner versucht worden; denn wer wollte sich auf kalte Eintönigkeit einschränken, wenn die ganze Natur voll von Beyspielen von der größten Mannichfaltigkeit mit der vollkommensten Harmonie ist?

So wie den Landschaften das Grün des Frühlings wegen seiner verhältnißmäßigen Kühle nicht so günstig ist, als die warmen und gelinden Tinten des Herbsts, eben so verursachen die Blumen und Blüthen desselben wegen ihrer zu deutlichen und prächtigen Mannichfaltigkeit leicht ein blendendes und fleckigtes Ansehn, das jene Vereinigung und Harmonie, welche eigentlich das Wesen eines Gemäldes entweder in der Natur, oder in der Nachahmung ausmacht, so zerstört.

Alle Gegenstände, die das Auge am stärksten anziehen, sind auch am geschicktesten, helle Flecken zu verursachen, und folglich keine mehr, als weiße Gegenstände; und vornehmlich dieser Ursache wegen erfodert Wasser die Begleitungen der Bäume so besonders, weil sie das Blendende seiner Weiße vermindern. Ich habe daher oft geglaubt, daß der Ausdruck: a fine sheet *) of water, welches immer als ein Kompliment verstanden und angenommen wird, eine recht passende Satyre auf diese nackten, blendenden Nachahmungen der Seen und Flüsse, wenn man sie so nannte, sey.

Ein mit weißen Blüthen bedeckter Baum oder Strauch gibt eben die Idee von einem Ueberzuge, der drüber gezogen worden; und weiße Ueberzüge würden, wenn sie hie und da bey einer Landschaft herum lägen, nicht gar wohl mit andern Gegenständen harmoniren.

Die Aepfelblüthen, deren Farben beym Anblick in der Nähe, und wenn man ihre verschiedenen Schatten und Gradationen von einander unterscheiden kann, so schön sind, verlieren in der Ferne ihre ganze Pracht und Mannichfaltigkeit, sie erscheinen nur roth, blendend und fleckigt; und die Wirkung einer großen Anzahl Birn- Aepfel- und Kirschgärten in voller Blüthe dient zu einem starken Beweis, daß

---

*) Sheet heißt unter andern auch das Betttuch, der Bettüberzug; a fine sheet of water hieße also wörtlich: ein feiner Bettzug von einem Wasser, und ist das, was man im Deutschen Wasserspiegel zu nennen pflegt.

Roth und Weiß niemahls durch die ganze Landschaft *) die Oberhand haben sollte.

Beym Eintritt des Frühlings ist auch der Contrast der frühen Bäume mit allem ihren frischen Laube und lebhaften Blüthen, gegen die todten Aeste der Eiche oder Esche zu stark; und ich glaube, man hat noch von keinem Mahler **) mit Recht sagen können, daß er wie Mezentius

Mortua quin etiam jungebat corpora vivis.

*) Als ich einmahl erfuhr, daß zur Zeit der Blüthe die ganze Grafschaft Hereford einem Garten gliche, so kam ich vor einigen Jahren in dieser Jahreszeit dahin, und erwartete, in Entzückung zu gerathen. Allein, wie meine Erwartung war, so war auch meine Täuschung, als ich über die Malvernberge ging und das Land vor mir ausgebreitet sah. Die Sache entsprach wirklich der Beschreibung, und sahe wie ein Garten aus, aber nach der Zeit habe ich niemahls den Wunsch geäußert, einen Garten von einigen hundert Morgen zu sehen.

**) Man muß aber nicht aus dem Gesagten folgern, daß der Mahler kein Vergnügen an einer Anzahl von Gegenständen fände, wenn sie nicht ein Gemälde abgeben; die Reitze des Frühlings werden von jedermann durchgängig gefühlt, und er genießt sie mit dem ganzen Menschengeschlecht in gemein, er müßte denn seinem Geist durch jene Kunst, die ihn sehr frey hätte machen sollen, Schranken gesetzt haben. Sein Vergnügen ist aber dann größer und mannichfaltiger, wenn die Blüthen und Blumen des Frühlings so mit den frühen Sommergrünen Bäumen, mit immergrünen Gewächsen, mit Gebäuden und andern Gegenständen gemischt und gruppirt sind, daß das Blendende und Buntscheckige wegkommt, aber das Muntere

Achtes Kapitel.

Dies scheinen mir die Hauptschönheiten und Mängel des frühern Theils vom Frühlinge zu seyn; doch ist der Wechsel zu der Zeit sehr auffallend; so wie die Jahreszeit weiter rückt und die Blätter sich immer mehr entwickeln, behalten sie nicht mehr die Frühlingsfarbe, den Glanz der Jugend, und die Bäume verlieren in der Mitte des Sommers so viel an dem Frischen, Mannichfaltigen und Leckern ihrer

bleibt. Alle solche Zusammensetzungen, welche Gemälde abgeben, (das heißt, mit andern Worten, wo die Formen und Farben sehr glücklich mit einander in Gleichgewicht und Verbindung gebracht worden,) sind nur neue Quellen des Vergnügens, die den allgemeinen beygefügt werden, sie sind auch Freuden, bey denen man verweilen, und zu denen man zurückkehren kann, nachdem die ersten bezaubernden, aber flüchtigen Ergötzlichkeiten des Frühlings abgenommen haben.

So groß sind in der That die Reitze der wiederauflebenden Natur, so daß derjenige, welcher sie nicht fühlt, oder nicht mit Entzückung fühlt, weil sie in vielen Fällen sich nicht so gut für Gemälde schicken, eine äußerst pedantische Liebe für Mahlerey haben muß. Die reichliche Mittheilung der frischen, lebhaften und schönen Farben, und der Annehmlichkeiten, mit den Ideen der Fruchtbarkeit verbunden, haben allzusammen eine dem Erhabnen ähnliche Wirkung, sie ziehen ganz in dem Augenblicke alle andre Betrachtungen an sich, und man fühlt, an einem heitern Frühlingstage in einer Gegend, wo alle Reitze dargestellt sind, die völlige Stärke jenes Ausrufs von Adam, als er zu den Freuden des Lebens und Daseyns zuerst erwachte:

»Von Wonnedüften und Freuden überfloß mein Herz.«

Belaubung, als sie an dem Vollen, Dichten derselben und an vorzüglicher Größe ihrer Blätter gewinnen.

Der Johannisschuß hebt das einförmige Grün, das unmittelbar vorhergeht; an vielen Bäumen (und an keinem mehr, als an der Eiche,) ist die Wirkung ganz besonders schön; das alte Laub bildet einen düstern Hintergrund, auf welchem das neue in aller seiner Neuheit und Glanze erhoben und abgesondert erscheint; es ist gleichsam ein auf den Sommer geimpfter Frühling. Doch schränkt sich diese Wirkung auf die nähern Gegenstände ein; die allgemeine Hauptveränderung in dem ganzen Wachsthum, die mit dem Grün des Sommers vorgeht, wird durch die ersten Herbstfröste verursacht. Dann geht jene Mannichfaltigkeit der vollen glühenden Tinten an, welche, in der frühern Periode ihres Wechsels, so vortreflich mit einander harmoniren, und ein so herrliches Ganze bilden, und an Tiefe und Vollheit vor denen von den andern Jahreszeiten so große Vorzüge haben.

Es hat mich oft in Verwunderung gesetzt, daß das ganze System des Venetianischen Colerits (besonders das von Georgius von Castelfranco und Titian Vecelli, welches der Hauptgegenstand der Nachahmung gewesen,) nach den Tinten des Herbsts gebildet war, und daher haben ihre Gemälde jene Goldfarbe, die ihnen (wie Joshua Reynolds bemerkt,) ein so großes Uebergewicht über alle andern gibt. Ihre

Achtes Kapitel.

Ihre Bäume, Vorgründe und jede Parthie von ihren Landschaften haben stärker als bey andern Mahlern das dunkele und volle Braun dieser Jahreszeit. Eben diese allgemeine Farbe herrscht an den Draperien ihrer Figuren, und selbst an ihrem Fleische, das weder das silberne Rein von dem Guido, noch das Frische von Rubens hat, sondern ein Glühen, das vielleicht bezaubernder, als eins von diesen beyden ist. Joshua Reynolds hat bemerkt, daß das silberne Rein des Guido der Schönheit angemessener, als die glühende Goldfarbe des Titian, sey: ihm war es natürlich, den Guido anzuführen, da er der Mahler war, dem es in der Schönheit der Form am meisten glückte; aber bey Rubens ist ein Frisch mit nicht so viel von jenem Rein und Gleichheit der Tinte, welches sich zur Schönheit außerordentlich schicken würde, wiewohl sich nur wenige Beyspiele von einer solchen Zusammenstimmung in seinen Werken finden.

Ist eine von den Eigenschaften, die Burke der Schönheit so richtig als wesentlich beygelegt hat, wesentlicher, so ist es, dünkt mich, das Frisch; und es macht die deutlichste Gränzlinie zwischen dem Schönen und Mahlerischen in dem Colorit *). Ich

---

*) Lorrain mischte immer in seinen Landschaften ein viel größeres Verhältniß von kühlen, frischen Farben, als die Venetianer in den ihrigen. In einigen von seinen frühern Gemälden herrschen diese kühlen Tinten zu sehr, und geben ihnen ein kaltes kränkliches Ansehn, seine besten Werke aber sind gänzlich frey davon, so wie von dem entgegengesetzten Fehler, und er hat in Ansehung des gehörigen Verhältnisses der kühlen

Achtes Kapitel.

wäre dieserwegen geneigt, den Venetianischen Stil der Colorirung und den von Molu, Dominicus Fetti und andern, die ihn nachgeahmt haben, den mahlerischen zu nennen, da er nach den tiefen und glühenden Tinten des Herbsts, und nicht nach den frischen und zarten Farben des Frühlings gebildet ist; und wenn gleich die Venetianische Colorirung im Ganzen dem Erhabnen nicht so angemessen seyn möchte, als die strengern Stile der Römischen und Florentinischen Schule, so ist sie es doch unendlich mehr, als der frischere und wollüstigere Stil von Rubens *) oder der silberne Ton von Guido, und in diesem Stücke verträgt sie sich mit dem allgemeinen Character des Mahlerischen, das sich eher mit dem Erhabnen, als das Schöne, vermischt. Bisweilen werden auch vermittelst dieser gebrochenen Tinten, der sogenannten Verderbniß der Farben, sehr große erhabne Wirkun-

und warmen Farben, welches Schönheit erfodert, die höchste Autorität; denn niemand studirte die Schönheit mit mehrerm Fleiße, mit besserm Erfolge oder eine größere Reihe von Jahren.

*) Rubens scheint so viel Vergnügen an Schönheit der Tinten gefunden zu haben, daß er sie oft anbrachte, wo eine Tinte von einer gröbern Art mehr dem Character gemäß gewesen seyn würde. Ich erinnere mich, in jenem wundervollen Entwurfe von einem Gefechte an einer Brücke, in der Orleanischen Sammlung, bemerkt zu haben, daß das Knie eines untergesetzten starken Soldaten von einer so schönen Fleischfarbe mit einem solchen reinen Weiß vermengt war, als man es bloß in der Gesichtsfarbe des zartesten Frauenzimmers erblicket.

Achtes Kapitel.

gen hervorgebracht, welches durch die abgeschnittenen der Römischen Schule, dergleichen man in den Hintergründen und Himmeln von Titian siehet, nicht würde geschehen seyn.

Von Rubens Werken haben viele ganz das Frische von der frühern Jahreszeit; und das Ganze jenes berühmten Gemäldes des Herzogs von Rutland hat die frühlingsmäßige Farbe der Blumen, die er mit einer so lebhaften und frühlingsmäßigen Verschwendung (aber immer mit Beurtheilungskraft eines Mahlers,) bey demselben angebracht hat. Wenn aber Titian Blumen anbringt, so sind sie auch so beschaffen, daß sie mit seinem Hauptgrundsatz übereinstimmen; sie sind nicht die Kinder des Frühlings, sie scheinen zu einer spätern Jahreszeit zu gehören, und er breitet über sie eine Herbsttinte und Atmosphäre, die in Vergleichung selbst den Blumen von Rubens (noch mehr denen von einem bloßen Blumenmahler) ein rohes Ansehn geben würden.

Dies führt mich auf die Bemerkung, daß nicht bloß der Wechsel des Pflanzenwuchses dem Herbst die Goldfarbe ertheilt, sondern auch selbst die Atmosphäre, und die Lichter und Schatten, welche zu der Zeit herrschen. Im September und October beschreibt die Sonne einen viel niedrigern Zirkel über den Horizont, als im May und April, und macht folglich einen viel größern Theil des Tages breitere stärkere Lichter und Schatten, die mehr denen, die am Schluß des Tages hervorgebracht werden, ähnlich sind *). Selbst die Charactere des Himmels und der Atmosphäre sind mit den beyden Jahreszeiten von einem Stücke. Im Frühlinge sind leichte und flatterhafte Wolken, mit Schatten, die gleichfalls flatterhaft und unstät sind; erfrischende Regengüsse, mit munter und heiter hervorbrechendem Sonnenschein, der die jungen Knospen und Blumen plötzlich hervorzurufen und zu nähren scheint. Im Herbst ist alles reif und zeitig, und die vollen Farben der gereiften Früchte und des sich verändernden Laubes werden es durch den warmen Duft noch mehr, welcher an einem schönen Tage zu dieser Jahreszeit den letzten Firniß über jeden Theil des Gemäldes verbreitet.

*) Im Winter, da dieser Zirkel am kleinsten ist, sind selbst die Mittagslichter und Schatten wegen ihrer horizontalen Richtung so rührend, und die Parthien so schön beleuchtet, und durch sie doch so mit einander verbunden und ausgefüllt, daß man über der Bewunderung der allgemeinen Massen die Nacktheit der Bäume vergißt. Im Sommer ist es eben so oft gerade umgekehrt; die prächtige Kleidung der Parthien macht wegen des unstäten und allgemein blendenden Lichts ohne Schatten einen schwachen matten Eindruck.

Neuntes Kapitel.

Ich habe mich bemüht, nach meinem besten Vermögen, und nach Anleitung der Beobachtungen, die ich bey einem lange geübten Nachdenken über diese Materie gemacht habe, die Ideen, die wir von dem Mahlerischen haben, in den verschiedenen Werken der Kunst und Natur aufzusuchen; und es erhellt, daß an allen Gegenständen des Gesichts, an Gebäuden, Bäumen, Wasser, Grunde, an den menschlichen Figuren und an andern lebendigen Geschöpfen einerley allgemeine Grundsätze einförmig herrschen, und daß selbst Licht und Schatten und Farben mit diesen Grundsätzen die größte Gleichförmigkeit haben. Ich habe sowohl die Ursachen als Wirkungen des Mahlerischen mit denen des Erhabnen und Schönen verglichen; ich habe gezeigt, daß es von beyden unterschieden sey, und worin dieser Unterschied bestehe.

Von diesen drey Characteren ist Schönheit derjenige, der uns am meisten interessirt; und es ist sonderbar, daß zwey Männer, die sie am meisten studirt und am besten darüber geschrieben haben, in ihren Vorstellungen so sehr von einander abgehen, daß der eine Schönheit, und der andere Häßlichkeit von einer und eben derselben Ursache entspringen läßt.

Neuntes Kapitel.

Burke hat in seiner Schrift über das Erhabne und Schöne angemerkt, „daß die Idee der Abänderung, ohne so genau auf die Art der Abänderung zu achten, Hogarthen verleitet habe, eckigte Figuren als schön zu betrachten."

Ob ich gleich nirgends in Hogarths Zergliederung der Schönheit auf diesen Satz (der Hogarths ganzem System so zuwider läuft,) gestoßen bin, so habe ich doch an Burke's Genauigkeit keinen Zweifel; und ich kann leicht begreifen, wie ein Mahler, wie Hogarth, der die herrlichen und prächtigen Wirkungen, die durch plötzliche Abänderungen hervorgebracht werden, beobachtet hat, Ecken schön nennen kann. Burke hat, wie ich glaube, deutlich gezeigt, daß diese Vorstellung auf falsche Grundsätze sich gründe; ich glaube aber auch, daß er selbst, wenn er es der Mühe werth geachtet hätte, eine so undankbare Materie, als die Häßlichkeit ist, mit eben der Genauigkeit und Sorgfalt zu untersuchen, als er es bey der Schönheit gethan, schwerlich diejenigen Gegenstände zu den häßlichsten gerechnet haben würde, welche sich am meisten dem Eckigten nähern; denn in diesem Falle gehörten die Wein= und Platanusblätter zu den häßlichsten Gegenständen des Pflanzenreichs.

Ich glaube, daß reine unvermischte Häßlichkeit nicht von spitzigen Winkeln oder Ecken, oder von irgend einer plötzlichen Abänderung entstehe, sondern vielmehr vom Mangel an Form, von dem unge-

Neuntes Kapitel.

stalten klumpichten Ansehn, das vielleicht kein Wort genau ausdrückt, eine Eigenschaft, die nimmer für Schönheit verkannt werden, nimmer diese zieren kann, und mit dem Schönen sowohl als mit dem Mahlerischen in keiner Verbindung steht. Im Lateinischen wird forma bisweilen schlechtweg für Schönheit gebraucht, und scheint anzuzeigen, daß Schönheit die Form in ihrem höchst vollendeten Zustande sey, da die letzten Züge der Meisterhand nichts gelassen, das man hinzuthun, nichts, das man wegnehmen könne — so wie man es an der höchst vollkommenen Griechischen Bildhauerarbeit findet. Wollte aber ein Künstler in einem weichen Material einen Kopf nach der Venus oder dem Apoll modelliren, und dann zur Probe die Nase länger oder spitziger — gegen die Mitte zu plötzlicher erhoben — oder sehr Habichtnasicht machen; wollte er den Augenbraunen eine auffallende Hervorragung geben, — oder den Umriß des Gesichts zu Ecken brechen, — so möchte er doch, wenn er gleich Schönheit vernichtet, einen Character hervorbringen; etwas Großes oder Mahlerisches möchte durch einen solchen Versuch zum Vorschein kommen. Man lasse ihn aber die entgegengesetzte Methode anwenden, und alle jene sein bezeichneten Abänderungen, von deren glücklicher Zusammenstimmung und Verbindung Schönheit das Resultat ist, ausfüllen, und Häßlichkeit, und diese allein, muß die Folge davon seyn. Wollte er hernachmahls Warzen oder Hitzblätterchen auf der Nase, oder sonst unnatürliche Geschwülste und Auswüchse auf dem Gesichte anbringen; wollte er den Mund verzerren, oder die Nase schief, oder von einer ungeheuren Größe machen, dann würde er der Häßlichkeit Ungestaltheit hinzufügen.

Ungestaltheit ist gegen Häßlichkeit das, was Mahlerischheit gegen Schönheit ist; ob sie gleich von ihr unterschieden ist, und in vielen Fällen von entgegengesetzten Ursachen entsteht, so wird sie doch oft fälschlich für sie genommen, begleitet sie oft, und erhöht sehr ihre Wirkung. Häßlichkeit allein ist bloß unangenehm, kommt aber eine auffallende Ungestaltheit dazu, so wird sie scheuslich; wenn aber Schrekken, so wird sie erhaben. Alles dies ist in folgendem Verse unter einander gemischt:

> Monstrum horrendum, informe, ingens, cui lumen ademtum.

Milton hat in der Beschreibung des Todes die Ungestaltheit *), welche in der Vorstellung dieses Königs alles Schreckens gewöhnlich ist, ausgelassen, vermuthlich, weil er glaubte, daß die Darstellung der Ungestaltheit die geheimnißvolle Ungewißheit, welche sein Gemälde so schaudervoll erhaben macht, vermindern würde.

„Die andere Gestalt, wenn man es Gestalt nennen kann, die keine Gestalt hatte, welche

---

*) Diese Ungestaltheit ist nur in Rücksicht auf den menschlichen Körper in seiner vollkommenen Gestalt zu denken; da der Tod beständig als ein Skelet gemahlt wird, so muß das als seine natürliche Form angesehen werden.

an Gliedern, Gelenken zu unterscheiden und
zu erkennen wäre, oder Substanz heißen könnte, die Schatten schien, denn jedes schien eins
von beyden; schwarz wie Nacht stand sie da,
grimmig, wie zehn Furien, schrecklich wie die
Hölle, und schwang einen furchtbaren Spieß;
was sein Kopf zu seyn schien, hatte etwas
ähnliches von einer königlichen Krone auf."

Einige von denen, welche glauben, daß alle
Schönheit auf fließenden Linien beruhe, haben die
Griechische Nase getadelt, als wenn sie zu gerade
wäre, und mit dem übrigen Gesichte einen zu spitzigen Winkel bildete. Mögen die Griechischen Künstler Recht haben, oder nicht, so beweist es doch deutlich, daß sie der Meinung waren, daß gerade und
geschnittene Linien, und was dem Eckigten nahe
kommt, sich nicht allein mit Schönheit vertrüge,
sondern daß auch die Wirkung des Ganzen dadurch
anziehender würde, als durch einen fortdauernd ge-
schwungenen und fließenden Umriß in allen Theilen *).

Diejenigen Hügel und Berge, welche sich dem
Eckigten sehr nähern, werden oft schön, selten, wie
ich glaube, häßlich genannt; und wenn die Ferne

*) Die Anwendung davon auf die neuere Gartenkunst
ist zu einleuchtend, um dabey zu verweilen. Es ist
dieses die höchste Autorität, die man wider den in
einem fortfließenden Umriß selbst da, wo Schönheit
der Form der einzige Zweck ist, anführen kann.

ihre Rauheit, Bräune und in die Augen fallende große Maſſe gemildert hat, ſo paſſen ſie zu den ſanfteſten und angenehmſten Scenen, und bilden die Ferne, die in einigen von den polirteſten Landſchaften von Lorrain anzutreffen iſt. Die häßlichſten Formen ſind (wenn meine Ideen richtig ſind,) die klumpichten und gleichſam unförmigen Hügel, diejenigen zum Beyſpiel, die man nach einem der häßlichſten und ungeſtalteſten Thiere ſchweinsrückig nennt: wenn die Spitzen derſelben zu erbärmlichen Abtheilungen gekerbt ſind, oder ſolche unbedeutende Erhöhungen auf ſich haben, welche wie Höcker oder Beulen ausſehen, oder, wenn ein Anleger dergleichen Höcker und Kerben vermittelſt der Flecken und Baumklumpen nachgemacht hat, dann ſind ſie ſowohl häßlich, als ungeſtaltet.

Eben dieſer Unterſchied gilt bey Bäumen; die häßlichſten Formen ſind nicht diejenigen, wo die Aeſte plötzliche Winkel machen, (denn dieſe ſind oft höchſt mahleriſch,) ſondern ſolche geſtaltloſe, als man an Bäumen ſieht, die von andern gedrückt werden, oder an geköpften oder abgekappten, die eben wieder angefangen ſich zu erholen. Dieſe ſchauderhafteſte Ungeſtaltheit, die durch Verſtümmelung der Aeſte verurſacht wird, nebſt der Häßlichkeit, machen letztere (ſo lange die Spuren von der Axt noch ſichtbar ſind,) zu den mißfälligſten von allen lebloſen Gegenſtänden. Sie erinnern uns an das ſchauderhafte Geſpenſt des Deiphobus:

Priamidem toto laniatum corpore vidi.

Neuntes Kapitel.

Der häßlichste Grund ist der, welcher weder die Schönheit des Glatten, des Grünen und sanften Wellenförmigen, noch das Mahlerische des kühnen und plötzlichen Gebrochenen und der mannichfaltig abwechselnden Tinten des Erdbodens hat; von der Art ist der Grund, der aufgerissen und in diesem unvollendeten Zustande gelassen worden, wie auf einem holpericht gepflügten Felde, das zu Schwarten geworden; so sind die schlammigen Ufer eines flachen Flusses, der Ebbe und Fluth hat, oder das felsichte Ufer eines Bergstroms, wenn er auf die Pläne herabfällt. Die steilen Ufer der Flüsse, wo die Fluth zu Zeiten zu einer großen Höhe steigt, und Vorberge und Höhlen von Schlamm zurückläßt, und diejenigen, wo zwischen Bergen laufende Ströme ungeheure gestaltlose Steinhaufen zurücklassen, dürften auf eine Mischung von Ungestaltheit, die oft fälschlich für einen andern Character genommen wird, Anspruch machen. Es ist wirklich nichts gewöhnlicher, als Personen zu hören, welche aus einer urbaren anangebauten Gegend kommen, (und sie sind es nicht allein,) die Unfruchtbarkeit, Einöde und Ungestaltheit für Größe und Mahlerischheit halten *).

*) Man könnte vielmehr glauben, daß der beständige Aufenthalt unter mahlerischen Scenen von selbst, und ohne einigen Beystand von Gemälden, zu einem auszeichnenden Geschmack für diese leiten müßte. Unglücklicherweise aber führt es zu einer völligen Gleichgültigkeit gegen diesen Stil, und zu einem Wohlgefallen an etwas gerade entgegengesetztem.

Ich gieng einmahl durch eine ganz romantische Gegend in Wallis mit dem Eigerthumsherrn, und

Ungestaltheit kommt in der That an dem Grunde weniger vor, als an andern Gegenständen. Ungestaltheit scheint mir etwas zu seyn, das dem Gegenstande, woran es sich befindet, nicht ursprünglich zukommt, etwas, das auffallend und unnatürlich widerig ist, und nicht durch die Umstände, welche ihn oft mahlerisch machen, gemildert wird. Die Seite eines glatten grünen von Fluthen zerrissenen Hügels kann anfangs ganz eigentlich ungestaltet heißen, und zwar nach eben dem Grundsatze (wenn gleich nicht von dem nehmlichen Eindrucke,) als eine Schramme an einem lebendigen Thiere. Wenn das Rohe einer solchen Schramme an dem Grunde durch die Wirkungen der Zeit und den Fortgang der Vegetation gemildert, und zum Theil versteckt und verziert wird, so wird Ungestaltheit durch diese gewöhnliche Procedur in Mahlerischheit verwandelt: und das ist der Fall bey Steinbrüchen, Sandgruben u. dergl. welche anfangs Ungestaltheiten sind, und oft dafür, in ihrem

äußerte stark, wie sehr ich von dieser, und unter andern von verschiedenen natürlichen Cascaden gerührt wäre. Er wurde wegen des Vergnügens, das ich empfand, ganz unruhig, und schien zu besorgen, ich möchte mich um meine Verwunderung bringen. »Bleiben Sie nicht bey diesen Dingen stehen,« sagte er, »ich will Ihnen gleich etwas Sehenswerthes zeigen.« Endlich kamen wir an eine Stelle, wo der Bach drey lange Stufen herab von gehauenen Steinen geleitet war. »Sehen Sie,« sagte er mit vielem Frohlocken, das wurde von Edwards, der Pont y pridd baute, gemacht, und wird für so ein nettes Stück von Mauerwerk gehalten, als irgend eins in der Grafschaft ist.«

Neuntes Kapitel.

mahlerischsten Zustande, von einem Anleger, der gern alles gleich und eben macht, angesehn werden. Große Erd- oder Steinhaufen, wenn sie auf der Oberfläche des Grundes stark in die Augen fallen, und ohne einige Verbindung oder Verbergung sind, möchten auch anfänglich als Ungestaltheiten zu betrachten seyn, und ebenfalls durch dieselbe Procedur mahlerisch werden.

Dieser Zusammenhang, der sich zwischen Mahlerischheit und Ungestaltheit findet, kann von Anlegern nicht genug studirt werden, und zwar, unter andern Ursachen, aus ökonomischen Bewegungsgründen. Es sind an vielen Plätzen tiefe Höhlen und gebrochener Grund, die nicht unmittelbar vor Augen liegen, und keinem Schwunge von einer Rasenfläche, die man offen halten muß, in die Queere kommen. Dergleichen auszufüllen und zu ebnen, würde oft Schwierigkeiten und Kosten verursachen; sie aber zu schmücken und zu verzieren, kostet wenig Mühe oder Geld. Sogar in den glattesten und polirtesten Scenen könnte man sie oft durch Anpflanzungen so verbergen und mit denselben so vereinigen, daß sie in der Ferne mit der ganzen Scenerie vermischt erschienen, und, wenn man sich ihnen näherte, viel Neuheit und Abwechslung hervorbrächten.

In Absicht der Hügel und Berge ist die Symmetrie und Proportion wirklich nicht so ausgemacht und gewiß bestimmt, als bey den menschlichen Figuren; allein die allgemeinen Grundsätze der Schönheit und Häßlichkeit, der Mahlerischheit und Ungestaltheit sind an denselben leicht aufzufinden, wenn gleich nicht auf eine so auffallende und einleuchtende Art.

An Gebäuden und allen künstlichen Gegenständen bringen einerley Mittel einerley Wirkungen hervor. Alles, was nett bearbeitet und vollendet, und wo die Form (von welcher Beschaffenheit sie auch seyn mag,) sorgfältig ausgedrückt ist, wird minder häßlich seyn, als wenn eben dieser Stil der Form auf eine liederliche und unvollendete Art ausgeführt worden. Eine neue ziegelsteinerne Mauer zum Beyspiel ist nicht so häßlich, (wenn gleich vielleicht unmahlerischer,) als eine Lehmmauer, eine ziegelsteinerne Bauerhütte nicht so, als eine von Lehm. Ein Satz Mauerziegel ist, wie niemand in Abrede seyn wird, vollkommen häßlich, und es ist traurig zu sehn, wie so viele Häuser in diesem Königreiche nach diesem Model gebauet sind; der Hauptunterschied, und das, was sie um einen Grad weniger häßlich macht, sind ihre spitzigen Winkel.

Da Durchsichtigkeit in Rücksicht der Farben eine wesentliche Eigenschaft der Schönheit ist, so ist, dünkt mich, Mangel an Durchsichtigkeit, oder, wie man es nennen kann, Schlammigkeit die allgemeinste und wirksamste Ursache der Häßlichkeit. Eine Farbe kann zum Beyspiel rauh, blendend oder buntscheckigt seyn, und doch vielen Augen gefallen, und bey manchen schön heißen; aber niemand wurde durch eine schlammige ergötzt, oder gab ihr diesen Nahmen. Wenn dieser Begriff der Häßlichkeit in Farben richtig ist, so bekräftiget er ungemein, was ich in Rück-

Neuntes Kapitel.

sicht der Form oben angemerkt habe; denn bey dieser, sagte ich, entstünde Häßlichkeit, wenn man die schön bezeichneten Abänderungen, welche Schönheit hervorbringen, zufüllte, und bey jenen pflegt sie auf eine ähnliche Weise durchs Ausfüllen, Verdicken und Verändern der schönen Proportion und Stellung derjenigen Theilchen, was für welche es auch seyn mögen, welche Reinigkeit und Schönheit der Farben bewirken, zu entstehen *).

Häßlichkeit hat, wie Schönheit, keine hervorragenden Züge, sie ist gewissermaßen regelmäßig und einförmig, und in der Ferne und selbst bey einem flüchtigen Blicke fällt sie nicht gleich in die Augen. Ungestaltheit macht, wie Mahlerischheit, einen geschwinden und sehr entfernten Eindruck, und erregt stark die Aufmerksamkeit. Nach diesem Grundsatze ist häßliche Musik diejenige, welche zwar nach Regeln und nach der gewöhnlichen Proportion componirt ist, aber nicht jene Wahl einer lieblichen und fließenden Melodie hat, welche dem Schönen entspricht, noch auch jenen auszeichnenden Character, jene Mannichfaltigkeit, jene plötzlichen und meisterhaften Veränderungen, welche mit dem Mahlerischen übereinkommen. Wenn eine solche Musik in eben dem Stile, in welchem sie componirt ist, ausgeführt wird, so wird sie keine starke Gemüthsrührung verursachen; wird

---

*) Ich rede hier von Farben, als besonders betrachtet, nicht von jenen unzähligen Schönheiten und Wirkungen, die durch ihre unzähligen Verbindungen und Gegenstellungen hervorgebracht werden.

sie aber mit verstimmten Tönen gespielt, so wird sie ungestaltet, und eine jede solche Ungestaltheit macht den musikalischen Zuhörer stutzig. Der rasende Tonkünstler verstopft seine beyden Ohren gegen die Ungestaltheit der Töne, welche Hogarth durch einen andern Sinn auf eine so mächtige Art uns zugeführt hat, daß sie beynahe den kühnen Ausdruck von Aeschylus: δέδορκα φωνήν, rechtfertigen. Man wende dies auf den andern Sinn an; bloße Häßlichkeit wird ohne irgend eine heftige Bewegung angeschauet; allein Ungestaltheit in irgend einem starken Grade würde wahrscheinlich eben die Art von Handlung bey dem Zuschauer verursachen, als bey Hogarths Tonkünstler, indem sie ihn in Furcht setzt, sich allein zu solchen Verscheuchungs= oder Abhaltungsmitteln hinzu getrauen, die die Natur deutlich in die Augen fallend angebracht hat.

Ich habe bereits die Wirkungen des Mahlerischen, wenn es mit dem Erhabnen und Schönen vermischt ist, betrachtet. Man wird es eben so häufig mit Häßlichkeit vermischt finden, und daß seine Wirkungen bey dieser Mischung vollkommen mit allem dem, was ich von seinen Wirkungen und Eigenschaft angeführt, übereinstimmen. Häßlichkeit ist, so wie Schönheit, an und für sich nicht mahlerisch; denn sie hat, allein betrachtet, keine sehr auszeichnenden Züge; wenn aber letzterwähnter Character entweder zu Schönheit, oder zu Häßlichkeit kommt, so werden letztere rührender und mannichfaltiger, und ziehen dadurch jedesmahl die Aufmerksamkeit, (die Empfin-

-dungen,

dungen, die sie erwecken, mögen seyn, welche sie wollen,) stärker auf sich. Man wird durch häßliche Gegenstände, wenn sie auch mahlerisch sind, unterhalten und beschäftigt, gerade so, wie durch eine rauhe, und in andern Rücksichten verhaßte Seele, woferne sie einen auszeichnenden und eignen Character hat; ohne diesen ist bloße Häßlichkeit von außen, oder bloße Rauheit von innen an und für sich unangehm und verhaßt.

Ein häßlicher Mann oder Weib mit einer Habichtsnase, vortretenden Backenknochen und Augenbraunen und starken Linien in allen Theilen des Gesichts, ist, dieser mahlerischen Umstände wegen, (welche alle, unbeschadet der Häßlichkeit, wegfallen könnten,) viel rührender häßlich, als einer, der nicht mehr Züge, als eine Auster, hat. Dergleichen Häßlichkeit wird, wenn ein milderer Grad und Stil vom Mahlerischen dazu kommt, so wie bey Schönheit der Fall ist, sowohl mannichfaltiger, unterhaltender, als rührender; und wenn diese Umstände des Mißvergnügens, die öfters an wirklichen Dingen sich finden, durch die Nachahmung, wie zum Beyspiel in dem Trania, gemildert und verbergt werden, so wird mahlerische Häßlichkeit eine Quelle von Vergnügen. Wer gewohnt ist, dergleichen mahlerische Häßlichkeit in Gemälden zu bewundern, wird eben dieser Ursachen wegen mit Vergnügen (denn man hat kein andres Wort, um den Grad oder Character dieser Empfindung auszudrücken,) auf das Original in der Natur sehen; und man muß die Macht und die Vorzüge dieser Kunst bewundern, welche machen kann, daß ihre Bewunderer ein altes Frauenzimmer oft mit so viel Ergötzen anstaunen, daß es selbige vermittelst ein Bischen von Eitelkeit vielleicht verleiten könnte, den Bewegungsgrund zu verkennen *).

So wie die Uebertreibung derjenigen Eigenschaften, welche vorzüglich Schönheit bestimmen, Geschmacklosigkeit verursacht, eben so bewirkt auch das Uebermaß derjenigen, welche Mahlerischheit ausmachen, Ungestaltheit. Obgleich diese wechselseitigen Verhältnisse genug vielleicht bey leblosen Gegenständen vorkommen können, so wird man doch, da jede Sache, die sich auf Schönheit bezieht, an unsern eignen Gestalten uns stärker rührt, deutlicher einsehen, wie dieses Uebermaß zu Geschmacklosigkeit auf der einen Seite, und zu Ungestaltheit auf der andern Seite fortschreitet, wenn man bemerkt, was es für Wirkungen auf das menschliche Gesicht hat, und wenn man annimmt, daß die Hauptform des Gesichts dieselbe bleibe, und nur das, was als Zubehör anzusehen ist, sich verändere.

*) Man erzählt von einem berühmten Anatomiker, daß er geäußert habe, er hätte in seinem Leben mehr Vergnügen von todten, als von lebendigen Frauenzimmern gehabt. Dies könnte man allenfalls als einen parallelen Beweis von verkehrtem Geschmacke anführen, niemahls aber habe ich gehört, daß ein Mahler die nehmliche Aeußerung in Absicht des Alters und der Jugend gethan hätte. Mag auch die fernere Ausbildung der Mahlerey und Anatomie beschaffen seyn wie sie will, so glaube ich doch nicht, daß junge und lebendige Frauenzimmer jemahls Ursache haben werden, auf alte oder todte Nebenbuhlerinnen eifersüchtig zu seyn.

Neuntes Kapitel.

Man nehme also an (was kein ungewöhnlicher Stil oder Grad von Schönheit ist,) ein Frauenzimmer von feinen Zügen, bey der aber der Character der Augen, Augenbraunen, des Haars und der Gesichtsfarbe mehr in die Augen fallend und prächtig, als zart, ist. Nun denke man sich eben diese Züge, und die Augenbraunen weniger ausgedrückt, und sowohl diese, als das Hauptkaar von einem sanftern weichern Gewebe; — das allgemeine Glühen der Gesichtsfarbe in eine zärtere Gradation von Weiß und Roth verändert, — die Haut glatter und ebner, — und die Augen von einer mildern Farbe und Ausdruck: so wird man durch diese Aenderung die in die Augen fallende, prächtige Wirkung vermindern; ein solches Gesicht aber würde mehr von jener vollendeten Zartheit haben, welche selbst diejenigen, die den andern Stil vorziehen möchten, zugestehen würden, daß sie mehr mit dem Begriffe der Schönheit übereinstimme, und das andere würde verhältnißmäßig roh und unvollendet erscheinen. Gehet man noch weiter, und denkt sich die Augenbraunen kaum etwas ausgedrückt; — das Haar so, daß es wegen seiner blonden Farbe, und wegen seiner seidenweichen Eigenschaft kaum eine Idee von Rauheit gibt; — die Gesichtsfarbe von einer reinen und fast durchsichtigen Weiße, die kaum ins Rothe spielt; — die Augen von dem sanftesten Blau, und den Ausdruck ebenfalls sanft; — dann würde man sich der Geschmacklosigkeit sehr nähern, aber immer noch ohne Schönheit zu vernichten, vielmehr hat eine solche Form, wenn sie von einer Seele von gleicher Lieblichkeit,

K 2

Reinigkeit und Unschuld, verbunden mit Empfindsamkeit, bestrahlt wird, etwas Engelisches, und scheint mehr vom irdischen und materiellen sich zu entfernen. Dies beweist, wie sehr sich Sanft, Weich, Glatt und Zart, selbst wenn man sie zu einem außerordentlichen Grade bringt, mit Schönheit vertragen: auf der andern Seite muß man bekennen, daß nichts in vollerm Maße fade und schal seyn kann, als die ganze Anordnung, wenn der bloßen Uebereinstimmung zwischen einer solchen Form und der Seele, die sie bewohnt, Character und Leben fehlt.

Geht man nun wieder zurück zu demselben Punkte, von dem man ausgegangen, und denkt sich die Augenbraunen stärker ausgedrückt — das Haar in seiner Wirkung und Eigenschaft rauher — die Gesichtsfarbe dunkler und zigeunermäßig — die Haut von einem rauhern Korn mit einigen Muttermälen darauf — einen Grad von Wurf in den Augen, aber so gering, daß er bloß Schlauheit und Eigenthümlichkeit der Minen gewähret — dies würde, ohne das Verhältniß der Züge zu ändern, von der Schönheit das nehmen, was es dem Character und der Mahlerischheit gegeben. Geht man einen Schritt weiter und vergrößert die Augenbraunen zu einer widersinnigen Größe — den Augenwurf so, daß er in ein Schielen übergeht — macht die Haut mit Pockengruben und Schmarren — die Gesichtsfarbe voller Flecken — und vergrößert die Muttermäler zu Auswüchsen, — so wird es sich deutlich zeigen, wie genau der Zusammenhang zwischen Schönheit und Geschmacklosigkeit, und zwischen Mahlerischheit und Ungestaltheit ist, und „was für dünne Scheidewände ihre Gränzen scheiden."

Das Ganze von dieser Sache paßt aufs genaueste auf die Kunstanlagen: die Hauptzüge eines Platzes bleiben dieselben, bloß die Begleitungen verändern sich, mit diesen aber sein Character. Wenn der Anleger (wie es gewöhnlicherweise geschieht,) lediglich auf grünen, glatten, wellenförmigen Grund und fließende Linien bedacht ist, so wird das Ganze geschmacklos seyn. Sollte hingegen (was viel seltener ist,) der entgegengesetzte Geschmack herrschen, würde ein Anleger bey seinem Platze, damit es mahlerisch wäre, überall gebrochen, Grund, Höhlen und Steinbrüche machen, nur Ginster, Brombeersträuche und Disteln begünstigen, auf seine Ufer eine große Menge roher Steine häufen, oder, um alles zu krönen, wie Kent, abgestorbene Bäume pflanzen; so würde man durchgängig, glaube ich, die Ungestaltheit eines solchen Platzes einräumen, ob man gleich die Geschmacklosigkeit des andern nicht so gern zugestehen möchte.

Ich möchte hier anmerken, daß, obgleich Mahlerischheit und Ungestaltheit sich so genau auf den Sinn des Gesichts einschränken, doch in den andern Sinnen eine äußerst genaue Aehnlichkeit mit ihren Wirkungen sey; das ist nicht allein der Fall in dem Sinne des Gehörs, (von dem ich so viele Beyspiele gegeben,) sondern auch in den beschränktern Sinnen des Geschmacks und des Geruchs, und das Fortschreiten, das ich angeführt, ist in diesen ebenfalls deutlich und einleuchtend. Es kann schwerlich in Zweifel gezogen werden, daß das, was in dem

Neuntes Kapitel.

Sinne des Geschmacks dem Schönen entspricht, Glattheit und Lieblichkeit zum Grunde hat, und zwar mit einem solchen Grad von Reitz, der diese Eigenschaften belebt, aber nicht überwiegt, als zum Beyspiel an den schmackhaftesten Früchten und Getränken. Man nehme den Reitz weg, und sie werden unschmackhaft werden; man vermehre ihn aber so, daß er diese Eigenschaften überwiegt, dann erhalten sie einen eigenthümlichen Geschmack, und werden begierig von denen gesucht, die Geschmack an ihnen bekommen haben, sind aber dem allgemeinen Gaume weniger angemessen. Dies trifft genau mit dem Mahlerischen überein. Ist aber der Reitz über diesen Grad vermehrt, so werden keine als nur verdorbenene Gaume vertragen, was man so richtig bey Gegenständen des Gesichts Ungestaltheit zu nennen pflegt *). Der Sinn des Geruchs hat in dieser, so wie in jeder andern Rücksicht, mit dem Geschmacke die genaueste Aehnlichkeit.

*) Der alte Satz der Schulen, de gustibus non est disputandum, wird von vielen auf jeden Geschmack ausgedehnt, und als eine Art von Privilegium angeführt, daß man keinen Zweifel und Einwendung gegen den ihrigen in irgend einer Sache vorbringen darf. Es ist allerdings sehr vernünftig, daß jedem vergönnt sey, sowohl seinen Augen, als seinem Gaume nach seinem Gefallen zu folgen. Hat er aber etwa einen Geschmack für ungesalzene Hafergrütze, so sollte er sie doch nicht seinen Gästen als die vollkommenste Kocherey aufdringen, oder ihren Schlund und Eingeweide verbrennen, wenn er, wie der König von Preußen, nichts, als was gewürzt genug ist, um einen Menschen bey lebendigem Leibe in eine Mumie zu verwandeln, gern ißt.

Ende des ersten Theils.

Zweiter Theil.

Erstes Kapitel.

Nachdem ich bisher die Haupteigenschaften, die auf so mancherley Wegen Gegenstände interessant machen, untersucht habe, und gezeigt, wie sehr die Schönheit, das Leben und die Wirkung einer Landschaft, in der Wirklichkeit oder Nachahmung, auf einer gehörigen Mischung vom Rauhen und Glatten, von warmen und kühlen Tinten beruhet, und von welcher äußersten Wichtigkeit, Mannichfaltigkeit und Verwickelung sowohl bey diesen, als bey andern Arten unsers Vergnügens sind; nachdem ich auch gezeigt habe, daß die allgemeinen Grundsätze der Kunst, Anlagen zu machen, und der Mahlerey in der That ein und dieselben sind; so will ich nun nachforschen, in wie weit die Grundsätze letztgemeldeter Kunst (die offenbar am geschicktesten ist, unsere Ideen von der Natur zu verbessern und zu läutern,) von den Anlegern beobachtet worden, und in wie weit auch diejenigen, die das gegenwärtige System aufbrachten, und die, welche es fortsetzten, im Stande waren, sie anzuwenden, wenn sie auch gewollt hätten.

Aus Walpole's überaus scharfsinniger und unterhaltender Abhandlung über neuere Gartenkunst erhellt, daß Kent der erste war, der die so sehr bewunderte Veränderung des alten Systems in das gegenwärtige veranlaßte; das Ganze dieser Veränderung, und alles, was daraus erfolgt ist, ist in einem halben Verse von Horaz zusammengefaßt:

   Mutat quadrata rotundis.

Wahr ists, Kent war von Profession sowohl ein Mahler, als ein Anleger; er kann aber zu einem Beyspiel dienen, wie wenig ein gewisser Grad von mechanischer Praxis seinen Besitzer qualificirt, den Geschmack einer Nation in einer dieser Künste zu leiten.

Derjenige Mahler ist der erleuchtetste Richter seiner Kunst, und alles dessen, was darauf Bezug hat, der einen edlen und viel umfassenden Verstand besitzt, der mit der practischen Ausübung ein ausgebreitetes Beobachten und Nachdenken verbunden hat; und verbindet er auch damit die Fähigkeit, seine Gedanken deutlich und kräftig mit Worten auszudrücken, so ist er am fähigsten, andere zu erleuchten und aufzuklären. Einer solchen Verbindung haben wir die Reden von Joshua Reynolds, das originelleste und ausdrucksvollste Werk, das jemahls über seine oder vielleicht über jede andere Kunst erschienen ist, zu verdanken. Hingegen beschränkt nichts so sehr den Geist, als wenn eine geringe practische Geschicklichkeit nicht durch allgemeine Kenntnisse und Beobachtungen, und durch das Studium der berühmten Meister der Kunst unterstützt und verbessert wird. Ein Künstler, dessen Verstand so beschränkt worden,

Erstes Kapitel.

beurtheilt alles nach seinem engen Kreis von Ideen und Ausführung *), und verlangt, daß auch alle übrige Menschen sich innerhalb dieses Kreises einschränken sollen.

Walpole hat uns durch einige wenige characteristische Anecdoten mit Kent völlig bekannt gemacht. Ein Mahler, der, weil er gewohnt war, junge Büchen zu pflanzen, diese beynahe mit Ausschluß anderer in seinen Landschaften anbrachte, und der sogar in seinen Zeichnungen für Spencer (dessen Scenen so oft infra l'ombrose piante d'antica selva gesetzt waren,) immer bey seinen kleinen Büchen blieb, der muß einen ärmlichern Geist, als gewöhnlich der Menschheit zu Theil wird, gehabt haben; er muß auch eben so verkehrt gewesen seyn, als er ärmlich war; denn so wie er Bäume ohne Form mahlte, so pflanzte er sie auch ohne Leben, und es scheint, als wenn er sich eingebildet hätte, daß dies allein den Mangel an Stärke, Alter und Größe des Characters ersetzen würde **). Diese todten verdorrten Bäume

*) Ich erinnere mich eines Mannes, der ganz artig die Flöte blies, daß er die sämmtliche Musik von Hendeln tadelte; und, um mir, wie ein großmüthiger Gegner, alle Vortheile zu geben, foderte er mich auf, ihm ein gutes Chor von dessen Composition zu nennen. Man kann leicht denken, daß ich diese Auffoderung nicht annahm; c'etoit, bien l'embarras des richesses; und er hatte wirklich nach seiner Art, wie er sie betrachtete, Recht; denn da findet sich keins, das für sein Instrument taugte.

**) Es ist fast unmöglich, einen alten starken Baum mit allen seinen Aesten, Stummeln und Zubehör, zu

waren wahrscheinlich da angebracht, wo sie das Auge auf sich ziehen; denn es ist selten, daß ein Anleger seine Anstrengungen zu verbergen wünschte. Einige andere Stücke von seiner Praxis werde ich hernach Gelegenheit haben, zu betrachten.

Nach ihm scheint kein Anleger von großem Rufe aufgetreten zu seyn, bis endlich, damit das System zu seinem ne plus ultra (kein sehr weit entfernter Punkt,) gebracht würde, der berühmte Brown aufstand, der die Formen und Linien der Baumklumpen, Gürtel und geschlängelten Canäle bestimmte und festsetzte; und seine Anhänger ahmten ihm so getreu und standhaft nach, daß, wenn die Anleger sich zu einer Innung vereinigt hätten, ihr Innungssiegel mit einem Baumklumpen, einem Gürtel und einem angelegten Wasserstück das Ganze ihrer Wissenschaft völlig ausgedrückt, und zu einem Modell sowohl, als zu einem Siegel gedient haben würde *).

verrücken; und ohne solche Eigenschaften, als beträchtliche Größe, verbunden mit einem Ansehn von Erhabenheit und hohen Alterthum sollte kein abgestorbener Baum an einem sichtbaren Platze bleiben; wollte man ihn zu einem solchen Standorte berechtigen, so müßte er »selbst in Ruinen majestätisch« seyn. Eben dieses Umstandes wegen würde es unschicklich seyn, einen abgestorbenen Baum zu verrücken, wenn man auch könnte.

*) Was Ariost von einem Cypressenhain sagt, hat allemahl bey mir, wenn ich angelegte Plätze betrachtete, Eindruck gemacht.

— che parean d'una stampa tuette impresse.

Erstes Kapitel.

Ein großes Unglück ists, daß dieser große Gesetzgeber unseres Nationalgeschmacks, dessen Gesetze immer ihre Kraft behalten, keine erweiterterte Ideen von der Natur oder durch die Erziehung erhalten hat. Claude Lorrain ward zu einem Pastetenbecker erzogen, doch hatte er als Mahler in allem, was seine Kunst betraf, einen erhabnen und viel umfassenden Verstand; man kann auch in keinem Theile seiner Werke eine Spur von der Niedrigkeit seiner ursprünglichen Beschäftigung antreffen. Brown ward zu einem Gärtner erzogen, und da er nichts von dem Geiste oder dem Auge eines Mahlers hatte, so bildete er seinen Stil (oder vielmehr seinen Plan,) nach dem Modelle eines Parterre, und trug dessen kleinliche Schönheiten, Baumklümpchen, kleine Blumenbeete von verschiedener Form und fleckweise gepflanzt, den ovalen Gürtel, der drum geht, und alle die Verwindungen und das Schnörkelwerk auf den großen Maßstab der Natur über *).

Sie scheinen „in eine Form gegossen, und über einen Leisten geschlagen„ zu seyn, dergestalt, daß ich Plätze gesehn habe, an die große Summen verschwendet worden, die mit der umliegenden Landschaft so wenig harmonirten, daß sie mir den Gedanken einflößten, sie wären in London nach Contracten verfertigt, und dann stückweise versandt und auf der Stelle zusammengesetzt worden.

Gleich fertig gemachten Geschmack kaufen, ist größtentheils so viel, als gleich fertig gemachte Liebe kaufen, und beynahe eben so gewöhnlich: ich sollte auch glauben, daß der Genuß bey beyden Käufern sehr gleich wäre.

*) Dieser sinnreiche Einfall, ein Parterre zu vergrößern, erinnert mich an eine Anecdote, die ich vor einigen

Man hat fürwahr nur elende Fortschritte gemacht, daß man den steifen, aber einfachen und majestätischen Zugang (avenue) gegen den magern kreisförmigen Rand, Gürtel (belt) genannt, und die bescheidene Häßlichkeit des geraden Canals gegen die anmaßende Einerleyheit des geschlängelten vertauscht hat. Der Hauptzug aber der neuern Kunstanlagen, der sich vor andern auszeichnet, ist der

Jahren hörte. Als ein Mann von niedriger Statur, aber äußerst pompeusen Betragen, eben die Gesellschaft verlassen hatte, rief ein Landgeistlicher in der Einfalt und Verwunderung seines Herzens über diesen Mann aus: »ganz Größe in Miniatur, ich versichere.« Dies Kompliment würde, wenn man es umkehrt, vollkommen auf die Stückchen und Fleckchen passen, die Brown und seine Anhänger so oft hie und da mitten unter den vortreflichen Scenen, die sie verunstalten, angesetzt hat, wo sie so verachtungswerth und dem Character zuwider sind, als Lorrains erste Gebäude von Pastetenbeckerey in den würdigen Landschaften, die er gemahlt, erscheinen würden.

Wenn ich Brown tadele, daß er die Kleinheiten eines Parterre auf den großen Maßstab der Natur übergetragen, so geschieht es nicht, weil sie der Größe nach, sondern dem Character nach klein sind. Es ist wirklich einer der gewöhnlichsten Irrthümer, daß man Größe des Maßes für Größe in der Manier hält; es ereignet sich beständig, daß die kleinste Klasse von Felsen, Bergen, Caskaden, Seen u. dergl. unendlich mehr Größe des Stils haben, und dem Mahler würdigere Vorwürfe darreichen, als andere, die dreymahl größer sind. Wirklich erzeugt in vielen Fällen bloße Größe, wenn eine gewisse Erhöhung des Characters fehlt, nur Mißvergnügen; nichts ist verächtlicher als ein kahler Riese. — »Große Masse ohne viel Geist und Leben.«

Erstes Kapitel.

Baumklumpen (clump) *), dessen Nahme, wenn man den ersten Buchstab wegnimmt, seine Form und Wirkung auf das genaueste beschreibt. Wollte man darauf studiren, wie etwas zu erfinden wäre, das unter dem Nahmen von Verzierung ganze Bezirke verunstaltete, so könnte man sich nichts denken, das dieser Absicht so gut entspräche, als ein Baumklumpen. Natürliche Gruppen, als welche sich durch Bäume von verschiedenem Alter und Größe bilden, und in verschiedenen Weiten von einander stehen, oft auch aus einer Mischung hoher Bäume mit Dorngesträuchen, Stechpalmen und andern niedrigwachsenden Bäumen bestehn, sind an ihren Umrissen voller Abwechslung, und eben deswegen sind nicht zwey Gruppen einander völlig gleich. Die Baumklumpen aber, da die Bäume durchgängig von einerley Alter und Wuchse sind, in einerley Weite zirkelförmig gepflanzt worden, und jeder Baum von seinem Nachbar gleichmäßig gedrückt wird, sind einander so ähnlich, als eine Menge Puddings, die aus einer gemeinschaftlichen Form genommen worden. Auch sind die natürlichen Gruppen aus erwähnten Gründen voller Oefnungen und hohler Stellen, voll von Bäumen, die vor und hinter einander zurücktreten; sie bringen alle Verwickelung und Mannichfaltigkeit von tiefen Schatten und glänzenden Lichtern hervor. Die andern sind Klumpen. Geht man um eine natür-

---

*) Wenn man von dem Worte clump den ersten Buchstaben c wegnimmt, so entsteht das Wort lump, welches im Englischen einen Klumpen bedeutet.

liche Gruppe herum, so ändert sich ihre Form bey jedem Schritt; neue Verbindungen, neue Lichter und Schatten, neue Eingänge zeigen sich in auf einander folgender Reihe. Die Baumklumpen aber widerstehen, gleich dichten Soldatencorps, von allen Seiten den Angriffen; man besichtige sie in jedem Gesichtspunkte, man gehe ganz rund herum; und man sieht keine Oefnung, keine leere Stelle, keine herumstreifende*) Blänker oder zerstreut stehende Bäume, sondern ils sont face partout, nach dem ächt militärischen Character.

In diesem kreisförmigen System ist der nächste Hauptzug nach dem Baumklumpen (und der in romantischen Gegenden in dem Vermögen, Ungestaltheit zu erzeugen, mit ihm wetteifert) — der Gürtel.

*) Ich erinnere mich einmahl gehört zu haben, daß zur Zeit, als Brown Oberstadtrichter war, ein witziger Mensch, wie er dessen Gerichtsdiener herumstreifen sah, ihm zugerufen: »klumpe †, deine Spiesbürger.« Was bloß als ein Spas gemeint war, konnte zu einem sehr lehrreichen Text zu dieser Sache dienen, und Brown lehren, daß dergleichen Figuren auf Corps von Leuten, die um einer steifen Parade willen exercirt werden, eingeschränkt, und nicht auf die lockern und luftigen Gestalten der Vegetation ausgedehnt werden sollten.

†) Im Englischen steht das verbum to clump. Da aber das substantivum clump einen Baumklumpen bedeutet, so muß man nach des Autors Sinne diesen Begriff mit dem verbo to clump verbinden. Der Verstand wäre also dieser: halte deine Spiestragenden Leute wie einen von deinen Baumklumpen, wodurch du so berühmt bist, zusammen.

Gürtel. Doch ist dessen Sphäre eingeschränkter. Die Baumklumpen, die wie Warten auf den Spitzen der Hügel angebracht sind, setzen viele Meilen weit den mahlerischen Reisenden in Angst und Schrecken, und warnen ihn, sich dem Feinde zu nähern; der Gürtel liegt mehr im Hinterhalte, und der Elende, der hinein geräth und in Gesellschaft mit dem Anleger das Ganze umgehen muß, wird zugestehn, daß eine Schlange mit dem Schwanze im Munde verhältnußmäßig nur ein schwaches Sinnbild der Ewigkeit sey. Er hat in der That von dem Zugange, an dessen Stelle er gefolgt ist, ganz das Einerley und Steife, ohne etwas von dessen einfacher Größe zu haben; denn wenn man gleich bey einem Zugange von Anfang bis zu Ende einerley Gegenstände, und bey dem Gürtel alle zwanzig Yards eine neue Reihe Gegenstände sieht, so ist doch jede auf einander folgende Parthie dieses geschmacklosen Kreises der vorhergehenden so ähnlich, daß, ob sie gleich wirklich von einander unterschieden sind, man doch den Unterschied kaum merkt; und nichts macht das Gemüthe so düster und beunruhigt es zugleich, als beständiger Wechsel ohne Mannichfaltigkeit.

Der Zugang hat selbst des Umstandes wegen, daß er gerade ist, eine sehr rührende Wirkung; keine andere Figur kann das Bild von einem erhabnen gothischen Flügel mit seinen natürlichen Säulen und gewölbten Dache geben. Seine allgemeine Masse füllt das Auge, indessen sich demselben die besondern

Theile in einer langen perspectivischen Gradation *) unvermerkt entziehen: „allmählig schmal und auf eine schöne Art kleiner." Der breite feyerliche Schatten gibt auch dem Ganzen eine Dämmerung=stille, und macht einen solchen Platz vor allen andern zum Meditiren überaus geschickt. Auch trägt seine Geradheit dazu bey; denn wenn die Seele aufgelegt ist, sich in sich selbst zurück zu ziehen, so pflegt jede Schlangenlinie ihre Aufmerksamkeit zu zerstreuen. Alle die characteristischen Schönheiten des Zuganges, seine feyerliche Stille, der heilige Schauer, den er einflößt, werden durchs Mondenlicht außerordentlich erhöht. Dies erfuhr ich einmahl im hohen Grade, als ich mich einem ehrwürdigen einem Schloß ähnlichen Wohnsitz, der zu Anfang des funfzehnten Jahrhunderts gebauet worden war, näherte; einige wenige Strahlen hatten das tiefe Dunkel des Zugangs durchgebrochen; ein großer massiver Thurm am Ende desselben, der sich in einer langen Perspectiv zeigte, und durch den ungewissen Mondesschimmer halb beleuchtet war, hatte eine erhabne geheimnißvolle Wirkung. Plötzlich erschien ein Licht in diesem Thurme; und eben so plötzlich verschwand sein Blinken, und bloß die stillen silbernen Mondes=

---

*) Unter langer Gradation verstehe ich nicht eine erstaunliche Länge des Zuganges; ich stimme völlig mit Burke †) überein, daß »Colonnaden und Zugänge von Bäumen von einer mäßigen Länge ohne Vergleichung weit erhabner sind, als wenn man sie in unermeßliche Fernen hinlaufen läßt.«

†) S. über das Erhabne und Schöne.

Erstes Kapitel.

strahlen gewannen die Oberhand; ferner bewegten sich geschwind mehrere Lichter nach verschiedenen Theilen des Gebäudes, und die ganze Scene führte meiner Einbildungskraft die Feen= und Ritterzeiten recht lebhaft zu. Ich ward sehr niedergeschlagen, als ich vom Besitzer des Platzes hörte, daß ich von dem Zugange und seinen romantischen Wirkungen Abschied nehmen möchte, denn es wäre eine Vollmacht zu seinem Tode unterzeichnet worden.

Die Einreissung so vieler dieser ehrwürdigen Zugänge ist eine fatale Folge von dem jetzigen übertriebenen Abscheu vor geraden Linien; wahr ists, manchmahl laufen die Zugänge mitten durch einen sehr schönen und abwechselnden Grund, mit welchem die Steifheit ihrer Form sich nur schlecht verträgt, und, wo es sehr zu wünschen ist, sie wären nie angepflanzt worden *). Jedoch sind sie eben so oft an solchen

---

*) Wären sie nie angepflanzt worden, so würden vermuthlich andere Bäume auf und neben dem Platze, den sie einnehmen in mannichfachen Stellungen und Gruppen, aufgewachsen seyn; sind sie aber einmahl da, so möchte es oft bedenklich seyn, sie einzureissen; denn es muß allemahl, wenn eine solche Linie von Bäumen weggenommen wird, ein langer leerer Raum entstehen, der auf jeder Seite die Gründe mit ihren alten ursprünglichen Bäumen von einander absondert; und junge Bäume, wenn deren auf die ledige Stelle gepflanzt werden, verbinden nicht unter einem halben Jahrhundert das Ganze mit einander. Was das Stehenlassen einiger wenigen Bäume zu dieser Absicht anbelangt, so gestehe ich, daß ich niemahls sahe, daß

Plätzen angebracht, wo eine Begränzung von Gehölze, die sich einer geraden Linie nähert, sich gut zu schicken pflegt *), und an solchen Plätzen gewähren sie einen Gang von einem vollkommenern und ununterbrochenern Schatten, als irgend eine andere Anlage von Bäumen verschaffen würde, ohne daß sie den übrigen Theilen des Platzes entgegen sind: wendet man sich vom Zugange weg entweder zur Rechten oder zur Linken, so ist die ganze Gegend mit allen ihren Verwickelungen und Mannichfaltigkeiten vor einem offen; allein aus dem Gürtel kann man nirgendwo kommen; er schließt einen auf allen Seiten ein, und wenn man sich freut, einen wilden einsamen entlegenen Ort (wenn ein solcher da zu finden ist, wo ein Gürtelmacher hinzugelassen worden,) oder einen neuen Fußsteig entdeckt zu haben, und man in der angenehmen Ungewißheit ist, wo herum man sich befindet, und wohin er führen wird, so erscheint alsbald der Gürtel, und der Reitz der Erwartung ist vorüber. Wendet man sich zur Rechten oder zur Linken, so hält er einen rund herum im Kreise; bricht man durch, so ergreift er einen, wenn man wieder

dies Verfahren nicht eine ganz entgegengesetzte Wirkung hervorgebracht, und daß nicht der Geist des abgeschiedenen Zugangs an diesem Platze gespuckt hätte.

*) Auf einem Guthe in Cheshire ist ein Zugang von Eichen, der ziemlich so, wie ich beschrieben, angebracht ist; Brown verwarf ihn durchaus; er steht aber noch als ein vortrefliches Denkmahl von dem Triumphe des natürlichen Gefühls des Eigenthümers über die eingeschränkten und systematischen Begriffe eines Anlegers von Profession.

zurück kommt; und der Gedanke an diese deutliche unvermeidliche Gränzlinie benimmt allen Muth, etwas neues aufzusuchen: himmelweit unterschieden von jenen zauberischen Kreisen der Feen und Zauberer, die zu so mächtigen und prächtigen Täuschungen, zu Scenen der ausschweifenden Einbildungskraft Veranlassung gaben, — von den Pallästen und Gärten der Alcina und Armida, vertreibt dieser, wie der Ring der Angelica, sogleich jede Täuschung, jede Bezauberung.

Ist irgendwo ein Gürtel zuzulassen, so ist es da, wo das Wohnhaus in einer todten platten, und in einer nackten häßlichen Gegend liegt; da kann er wenigstens keiner Mannichfaltigkeit des Grundes oder der weiten Aussicht schaden; er wird auch für das Auge die wirkliche Gränze, wenn gleich ohne Abwechslung, abgeben, und in solchen Fällen ist jede Ausschließung eine wahre Wohlthat; wo aber Mannichfaltigkeit des Grundes und ein Abhang vom Hause her ist, da verunstaltet er in vollerm Maße, als jede andere Kunstanlage, den Platz. Was uns bey der Verwickelung des abwechselnden Grundes, der anschwellenden Hügel und dazwischen liegenden Thäler, die sich zwischen Bäumen oder Dickicht in verschiedenen Richtungen von dem Auge entfernen, am meisten ergötzt, ist dieses, daß sie das Auge (nach Hogarths Ausdruck,) nach einer Art von muthwilliger Jagd leitet; das ists, was er eigentlich Schönheit der Verwickelung nennt, und das dasjenige, was durch sanft hinwindende Gestalten hervorgebracht wird, von jener plötzlichen und geschwind abändernden Gattung unterscheidet, welche von gebrochenen und rauhen Formen entsteht. All' dies muthwillige Jagen sowohl, als die Wirkungen der wildern und mahlerischern Verwickelung werden durch eine kreisförmige Pflanzung sogleich gehemmt und ihnen ein Ende gemacht; denn man sieht niemahls, daß sie dem Auge entweicht und sich in die Ferne verliert, und sie läßt auch niemahls partielle Verbergungen zu. Was nur für Abwechslungen von Hügeln und Thälern da seyn mögen, diese muß eine solche Pflanzung auf eine steife Weise in die Queere schneiden, und dem Wellenförmigen kann man in dem Falle nicht willfahren, oder dessen kurzweiligen Character durch diesen Stil zu pflanzen, der auf einmahl dessen schöne Verwickelung kenntlich macht und vermehrt, bezeichnen.

Das kann zum Beweis dienen, daß es unmöglich sey, Formen von Pflanzungen zu entwerfen, die für alle Plätze passen*), so bequem es auch für den Anleger seyn kann, eine solche Lehre festzusetzen.

*) Wenn man in der Arzneykunst die allgemeinen Grundsätze sich erworben hat, so beruht hernach die Beurtheilung auf der Anwendung; und jeder Fall muß (wie mir ein berühmter Arzt die Bemerkung machte,) als ein specieller angesehn werden.
Dies gilt genau in der Kunst Anlagen zu machen, und in beyden Künsten sind die Quacksalber von gleicher Beschaffenheit; sie besitzen keine Grundsätze, sondern nur einige wenige arcana, die sie ohne Unter-

Erstes Kapitel.

Ich habe mich über die Materie dieser ärmlichen Erfindung wegen des außerordentlichen Mißvergnügens, das ich einmahl empfand, als ich ihre Wirkung bey einem Platze, dessen Hauptzüge zu den vortreflichsten in diesem Königreiche gehören, sahe, vielleicht stärker ausgedrückt und länger aufgehalten, als ich sonst gethan haben würde. An der Vorderseite machte das Meer zwischen Inseln, Bergen und Vorbergen Buchten; ein abhängiger Ablauf von unebnem Grunde ging vom Wohnhause zum Ufer hin. Auf diesem Abhange hätten können verschiedene Massen von Gehölze, Gruppen und einzelne Bäume, die mehr oder weniger zerstreut oder mit einander verbunden sind, mit Rasenflächen und Blößen dazwischen, die das Auge unter ihren Verwickelungen bis zum Ufer auf eine sanfte Art führen, angepflanzt oder gelassen seyn, wenn sie da gewachsen waren: dies würde für die prächtige Ferne einen reichen und mannichfaltigen Vorgrund gebildet, und diese Ferne, wenn man sich der Meerseite näherte,

---

schied bey allen Gründen und Leibesconstitutionen anwenden. Baumklumpen und Gürtel, Pillen und Tropfen werden mit gleicher Wissenschaft ausgetheilt; der eine pflanzt rechter Hand an, und räumt linker Hand weg, da der andere ostwarts zur Ader läßt, und westwärts zu purgiren gibt. Der beste Anleger oder Arzt ist derjenige, der der Natur das meiste überläßt, der ein wachsames Auge hat, und die Anzeigen, die sie gibt, wenn man ihr ihre Kräfte äußern läßt, benutzt, die aber, wenn sie einmahl durch einen Quacksalber von beyderley Art zernichtet oder unterdrückt sind, sich nicht mehr zeigen.

welchen Weg man nur nahm, gebrochen, und sich mit derselben zu einer Menge neuer und schöner Zusammensetzungen verbunden haben. Einer von Brown's Nachfolgern dachte anders, und diese ungewöhnliche Darstellung von Scenerie ward durch einen Gürtel verunstaltet.

Ich erinnere mich nicht, diesen Platz in seinem natürlichen unverbesserten Zustande gesehn zu haben; man hat mir aber gesagt, es wäre eine große Menge Gehölz zwischen dem Hause und dem Meere gewesen, und die Schiffe wären (wie bey jenem wundervollen Platze Mount Edgecumbe) so erschienen, als wenn sie über den Gipfeln der Bäume segelten, und zwischen den Stämmen gleiteten; ist das so, so hat dieser Anleger „traurige Spuren seiner zerstörenden Herrschaft zurück gelassen."

Diese Methode, Bäume auszulichten, die von Anlegern unter der Idee von Verbesserung angenommen worden, entspricht vollkommen ihrer Methode anzupflanzen, und es wird eben so wenig auf das, was man (im allgemeinen Sinne des Worts) mählerische Wirkungen nennen kann, Rücksicht genommen. Bäume von beträchtlicher Größe entkommen zwar gewöhnlicherweise; aber es ist nicht hinreichend, auf die Riesensöhne des Waldes zu achten; öfters ist der Verlust einiger weniger Bäume, ja eines einzigen von Mittelgröße für die allgemeine Wirkung des Platzes von größern Folgen, indem es eine unersetzliche Lücke am Umrisse eines Hauptgehölzes macht;

oft haben einige der schönsten Gruppen die belustigende Mannichfaltigkeit ihrer Form, und ihre glückliche Verbindung mit andern Gruppen einigen augenscheinlich unbedeutenden, und selbst, in den Augen gemeiner Beobachter, häßlichen Bäumen zu verdanken. Auf alle diese Niedlichkeiten des Umrisses, Verbindungen und Gruppirung Rücksicht zu nehmen, dazu wird gewöhnlich theils viel Zeit, theils viel Wissenschaft erfodert, und deswegen hat man eine leichtere und kürzere Methode angenommen: man räumt um die verschiedenen Gruppen so lange weg, bis sie so trippelmäßig, als es ihre ungelenke Natur erlaubt, werden, und sogar viele von den Umrißbäumen, die selbst zu den Gruppen gehören, (und denen diese nicht allein ihre Schönheit, sondern auch ihre Sicherheit vor Wind und Frost zu verdanken haben,) werden von den Anlegern ohne Gnade und Barmherzigkeit niedergehauen, wenn sie nicht nach ihrem Modell stehen, bis endlich diese unglücklichen neu exercirten Corps, nachdem sie verstümmelt, ausgehungert und von aller Verbindung abgeschnitten worden, „bloß und nackt da stehn, und vor sich selbst zittern und beben."

Selbst der alte Zugang, dessen Aeste und Zweige Jahrhunderte in einander verflochten waren, mußte sich dieser modischen Metamorphose unterziehen, und das geschahe dadurch, daß man seine Regelmäßigkeit unterbrach; aber weit gefehlt, daß er diese Wirkung hätte, so ist es nur das einzige Mittel, diese Regelmäßigkeit von allen Seiten zu bemerken: wenn er in seinem ganzen vollkommenen Zustande ist, so kann man nur seine Grabheit erblicken, wenn man auf oder nieder sieht; betrachtet man ihn seitwärts, so hat er das Ansehn einer dicken Masse von Gehölze; und wenn andere Bäume davor gepflanzt sind, so verschafft er denselben Wichtigkeit, und diese ertheilen ihm Lockerheit und Mannichfaltigkeit: hat man ihn aber in Baumklumpen gebildet, und kann man durchsehen, und jeden von den abgesonderten Baumklumpen mit den Gegenständen vor und hinter denselben vergleichen, so ist die gerade Linie sichtbar, man mag ihn betrachten, von welcher Seite man will: der Zugang gleichet in seiner dichten geschlossenen Ordnung der griechischen Phalanx; jeder Baum ist, wie jeder Soldat, zwischen seinen Kameraden fest eingeschlossen, seine Zweige stellen, wie die Spieße derselben, eine Fronte dar, in die kein Angriff eindringen kann; den Augenblick aber, als diese dichte Ordnung gebrochen wird, werden ihre Seiten entblößt und Preis gegeben. Brown hat wie ein zweiter Paulus Aemilius die fest geschlossenen Glieder mancher vortreflichen Phalanx *) von Bäumen durchbrochen, und in die-

---

*) Ich weiß keine interessantere Erzählung einer Schlacht als Plutarchs Beschreibung derjenigen, die zwischen Perseus und Paulus Aemillus vorgefallen, in welcher die berühmte Macedonische Phalanx endlich nach wiederholten Anstrengungen völlig durchbrochen und überwunden wurde. Sie steht in seiner Lebensbeschreibung von Paulus Aemillus. Sollte diese einem meiner Leser nicht bekannt seyn, und er durch

Erstes Kapitel.

ser Sache hat er vielleicht mehr, als in jeder andern, bewiesen, wie weit man die Verkehrtheit des Geschmacks treiben kann, indem er zugleich dem Zugange, als er ihn seines Schattens und seiner feyerlichen Größe beraubte, seine Steifheit vermehrte.

diese Anspielung in Versuchung kommen, sie zu lesen, so glaube ich, wird er sich mir höchlich verbunden fühlen.

Zweites Kapitel.

In der Stellung und Behandlung der Bäume besteht die größte Kunst, Anlagen zu machen: der Erdboden ist zu ungeschickt und schwerfällig für den Menschen, um viel mit ihm vornehmen zu können, und seine Wirkungen sind, wenn man an ihm gearbeitet und handthieret hat, so wie seine Natur, matt und todt. Aber die Bäume, die sich auf einmahl von der Oberfläche absondern, und sich kühn in die Luft erheben, haben auf das Auge eine lebhaftere und unmittelbarere Wirkung*). Sie allein bilden

---

*) Ich habe durchgängig bemerkt, daß Personen auf Reisen, die von Gemälden und Zeichnungen keine Kenntniß haben, auf entfernte Gegenstände aufmerksamer sind, als auf nahe; und gleichwohl beruht die Mannichfaltigkeit und geschwinde Aufeinanderfolge der Gemälde unendlich mehr auf letzteren. Entfernte Gegenstände erheben sich nicht so plötzlich, oder fallen so geschwind und stark ins Auge, als nahe. Bäume im Vorgrunde ändern, so wie man weiter kommt, jeden Augenblick ihre Stellung; entfernte Gehölze bleiben eine lange Strecke des Weges die nehmlichen. Eine weite Aussicht, die, wenn man sie beständig und ununterbrochen gesehen, das Auge ermüdet hat, erhält hernach, wenn man sie durch die Bäume theilweise betrachtet, die Wirkung, und beynahe die Wirklichkeit von Neuheit. Jede Abtheilung dieser Ansicht wird, anstatt daß eine Ansicht entfernter

Zweites Kapitel.

einen Himmel über uns, und für alle andere Gegenstände, die sie zulassen, ausschließen, und mit denen sie Gruppen machen, fast nach dem Willen des Anlegers, eine abändernde Form. An Schönheit übertreffen sie nicht allein weit jede Sache der leblosen Natur, sondern ihre Schönheit ist auch an sich selbst vollständig und vollkommen; indeß die Schönheit fast jedes andern Gegenstandes ihren Beystand schlechterdings nöthig hat: ohne sie ist die mannichfaltigste Unebenheit des Grundes, sind Felsen und Berge *), selbst Wasser **) für sich allein in allen

Gegenstände unverändert bleibt, eine untergeordnete, wiewohl schöne Parthie einer neuen Zusammensetzung, davon die Bäume und der Vorgrund das Haupt sind.

*) Man meint nicht damit, daß die Berge selbst beholzt seyn müßten, sondern, daß in einer Landschaft Gehölze seyn muß; Scenen von bloßer Einöde ermüden, so erhaben sie auch sind, bald den Geist.

**) Ich habe das Meer nicht erwähnt, weil an demselben die Bäume, wenigstens in England, nicht fortkommen, es sey denn, daß es von Land umschlossen wäre, und dann (wenn gleich ihre Verbindung mit einander, wie zu Mount Edgecumba, eben so schön, als selten ist,) verliert das Meer seinen erhabnen gebietenden Character, und nimmt etwas von dem Ansehn eines Sees an. Da sind Bäume nothwendig; denn ein See, von nackten Felsen begränzt, ist eine rohe und stumpfe Landschaft; man ändere aber nur den Character des einen Elements ab, man lasse das Meer sich gegen diese Felsen brechen, und man wird an keine Bäume mehr denken. Die Erhabenheit eines solchen Gemäldes zieht jede Idee von geringern Ausschmückungen an sich; denn niemand kann das Schäu-

seinen Characteren von Bächen, Seen, Flüssen, Wasserfällen kalt, öde und uninteressant; mit ihnen aber kann sogar eine todte platte Gegend voller Mannichfaltigkeit und Verwickelung seyn; und vielleicht sind Bäume dieser beyden letztern Eigenschaften wegen, die sie in einem so hohen Grade besitzen, bey mahlerischen und schönen Scenen so unumgänglich nothwendig.

Einen jeden muß die unendliche Mannichfaltigkeit ihrer Formen, Tinten, und ihres Lichts und Schattens rühren, und einnehmen, und die Eigenschaft der Verwickelung, die sie besitzen, wo möglich,

men, die Strudel, die ungestüme Bewegung dieser Wasserwelt ohne einen tiefen Eindruck von ihrer zerstörenden und unwiderstehbaren Gewalt anzuschauen. Erhabenheit ist aber nicht der einzige Character des Meers; denn nachdem der erste schauervolle Eindruck durch Gewohnheit geschwächt worden, so unterhält immerfort die unendliche Mannichfaltigkeit in den Formen der Wellen, in dem Licht und Schatten derselben, in dem Anschlagen ihres Sprützwassers, und vor allen andern der beständige Wechsel der Bewegung das Auge im Einzeln eben so sehr, als die Erhabenheit des Ganzen sich der Seele bemächtigte. Eben darin unterscheidet es sich nicht allein von bewegungslosen Gegenständen, sondern auch sogar von Flüssen und Wasserfällen, so mannichfaltig verändert sie auch in ihren Theilen seyn mögen. An diesen sieht der Zuschauer keine Abänderung mit dem, was er zuerst sah; immer gehen die nehmlichen Brechungen im Strome, immer die nehmlichen Fälle fort, und vielleicht dieserwegen verlangen sie die Beyhülfe der Bäume; die Verwickelungen und Abwechslungen der Wellen aber, die sich gegen die Felsen brechen, sind so unendlich, wie die Bewegung derselben es ist.

Zweites Kapitel. 175

in einem noch höhern Grade, und auf eine ausschließendere und eigenthümlichere Weise. Man nehme nur einen einzelnen Baum, und betrachte ihn in diesem Gesichtspunkte. Er ist aus Millionen Zweigen, Reißern und Blättern, die unter einander gemischt, in eben so viel Richtungen sich einander kreutzen, indeß das Auge immer neue und unzählige Verbindungen derselben entdeckt, zusammengesetzt: gleichwohl ist, was am meisten bey diesem Labyrinthe von Verwickelung in Erstaunen setzt, keine mißfällige Verwirrung; die allgemeine Wirkung ist so einfach, als das Detail verwickelt ist, und ein Baum ist vielleicht der einzige Gegenstand, wo ein erhabnes Ganze *) (oder wenigstens das, was am meisten dabey in die Augen fällt,) hauptsächlich aus unzählbaren kleinen und von einander unterschiedenen Theilen besteht.

Kein Baum wird, (um zu zeigen, wie sehr diejenigen, die die besten Richter seyn sollten, die von mir angeführten Eigenschaften schätzen,) sey er auch noch so stark und gesund, seine Belaubung noch so üppig, von den Mahlern bewundert, wenn er eine einförmige ungebrochene Masse von Blättern darstellt, indeß andere, die nicht allein an Größe und an Dichtheit der Belaubung, sondern auch die Formen geringer sind, an denen gemeiniglich viele An-

---

*) Der Grund, die Felsen und die Gebäude fallen, wenn die Theile sehr gebrochen sind, ins Narrenhafte und Läppische; überdies haben sie auch nicht das lose faltige Gewebe, das sich zu partieller Verbergung so gut schickt.

leger wenig Werth sehen, und die manche fällen würden, ihre Aufmerksamkeit auf sich ziehen und heften.
Die Gründe von diesem Vorzuge liegen vor Augen;
da aber den Ideen gemäß, die ich gebildet, das
ganze System zu pflanzen, zu schneiteln und zu
lichten zum Behuf der Schönheit (in ihrer allgemeinern Bedeutung) auf diesen Gründen beruht, so muß
man mir erlauben, ein wenig länger dabey zu verweilen.

Ein Baum, dessen Laub überall voll und ungebrochen ist, kann natürlicherweise nur wenig Mannichfaltigkeit der Form haben; hernach, kann da
auch, da das Sonnenlicht nur auf die Oberfläche
fällt, nicht viel Mannichfaltigkeit von Licht und
Schatten seyn; und da die sichtbare in die Augen
fallende Farbe der Gegenstände nach den verschiedenen
Graden von Licht und Schatten, worin sie gestellt
sind, abändert, so kann da eben so wenig Mannichfaltigkeit der Tinte seyn; und endlich ist da, da keine
von den Oefnungen zu sehen sind, welche Neugierde
erregen und unterhalten, sondern eine einförmige
Laubwand dem Auge überall im Wege ist, eben so
wenig Verwickelung, als Mannichfaltigkeit. Was
man hier von einem einzelnen Baume gesagt, ist
ebenfalls von allen Combinationen oder Verbindungen
derselben wahr, und es scheint mir völlig Rechen=
schaft von der üblen Wirkung der Baumklumpen
und aller Plantagen und Gehölze, wo die Bäume
dicht zusammen wachsen, zu geben: wirklich ist die
Wirkung in allen diesen Fällen in einer Rücksicht

viel

viel übler; man ist geneigt, die starke Masse eines
einzelnen Baums, der allein den Wald ausmacht,
zu bewundern, wenn auch seine Form schwerfällig
seyn sollte; aber der Anblick einer klumpichten Masse,
die durch eine Menge kleiner Stämme hervorgebracht
wird, hat sowohl etwas niedriges, als schwerfälliges.

Was für Eigenschaften die Mahler an einzelnen
Bäumen, Gruppen und Gehölzen schätzen, kann
man leicht aus denen, die sie nicht schätzen, schließen;
jede insbesondere anzugeben, würde ins Unendliche
gehen; denn glücklicherweise gibt es da, wo die Kunst
nicht mit ins Spiel kommt, der völligen Ausnahmen
wenig. Wenn ihr Geschmack der Anleger ihrem vorzuziehen ist, so ist offenbar etwas von Grund aus
schlechtes bey der gewöhnlichen Methode, Pflanzungen anzulegen und zu behandeln; sonst würde es
nicht geschehen, daß die Gehölze und Stellungen der
Bäume, die sie am wenigsten zu bewundern geneigt
sind, diejenigen wären, die ausdrücklich der Zierde
wegen gemacht worden. Unter dieser Idee versagt
man oft den wildwachsenden Bäumen des Landes,
als zu gemeinen, oder verstattet ihnen in geringen
Verhältnissen den Zutritt, und andere von eigenthümlicher Form und Farbe nehmen die Stelle der
Eiche und Buche ein. Ich dächte aber, alle die
nehmlichen Bäume, woraus die alten angelegten
Gehölze des Landes bestehen, sollten auch in den
neuen die Oberhand haben, oder jene zwey wichtigen
Grundsätze, Harmonie und Einheit des Characters,

M

werden zernichtet seyn. Es ist aber sehr gewöhnlich, daß man einen leeren Raum, der von ungefähr zwischen einem Paar Gehölzen entsteht, mit Kiefern, Lerchenbäumen u. dergl. ausfüllt; geschieht das in der Meinung, diese Gehölze mit einander zu verbinden, (und dies muß die Absicht seyn,) so kann dem nichts mehr entgegen seyn, als die Wirkung davon: selbst Pflanzungen von der nehmlichen Sorte erfodern Zeit, um sie mit den alten Wüchsen übereinstimmend zu machen; dergleichen grobe und plötzliche Contraste aber der Form und Farbe machen, daß diese Einsetzungen auf immer, wie so vielerley unschickliche Stücken von Flickwerk, aussehen *); und wäre jemand in die Nothwendigkeit versetzt, sein

---

*) Es ist nicht genug, daß man Bäume fürs Clima naturalisiret, man muß sie auch für die Landschaft naturalisiren, und mit den einheimischen vermischen und vereinigen. Ein Fleck ausländischer Bäume, die an der äußersten Gränze eines Gehölzes, oder in einem lichten Winkel desselben für sich allein gepflanzt sind, vermischen sich auf eine sehr ähnliche Art mit den einheimischen, wie eine Gruppe junger Engländer in einer Italienischen Gesellschaft: wenn aber ein ausländisches Gewächs durch Zufall aufzuwachsen scheint, und zwischen unsern einheimischen Bäumen sein schönes, aber minder gemeines Laub hervortreibt, so hat es eben die ergötzliche Wirkung, als wenn ein schöner und liebenswürdiger Ausländer unsere Sprache und Sitten sich so eigen gemacht, daß er mit der Freymüthigkeit eines Inländers sich in Gesellschaft beträgt, doch behält er noch genug vom ursprünglichen Accent und Character, um allen seinen Worten und Geberden eine eigenthümliche Annehmlichkeit und Erhebung zu geben.

Zweites Kapitel.

Kleid flicken zu laſſen, ſo würde er gewiß wünſchen, daß die Nähte verborgen und die Farbe gewählt ſeyn möchte, um nicht ein Harlequin zu werden.

Dieſe dunkeln Schatten und Thurmſpitzen ähnliche Geſtalten, welche, wenn ſie fleckweiſe gepflanzt ſind, ein ſo buntſcheckigtes Anſehn haben, könnten mit den herrſchenden Bäumen des Landes ſo gruppirt werden, daß ſie unendlichen Reichthum und Mannichfaltigkeit erzeugten, und doch als ein Theil der urſprünglichen Zeichnung erſchienen; ich ſtelle mir aber vor, daß es eine feſtgeſetzte Regel ſey, daß Pflanzungen, die man zur Zierde anlegt, ſowohl in Anſehung ihrer Form, als der Bäume, woraus ſie beſtehen, von den Gehölzen des Landes ſo unterſchieden als möglich ſeyn müſſen, ſo daß kein Menſch einen Augenblick zweifelhaft ſeyn kann, welches die verbeſſerten Parthien ſind. Statt daß alſo „die Natur ein prächtiges, weites und fließendes Gewand auf ihrem erhabnen Thron tragen ſollte," wird ſie in ihrer ſchönen Proportion verſtümmelt, und in Schatten gezwängt und gepreßt; ſtatt daß „Hügel mit Hügel von hinlaufenden Strecken Waldung, von verſchwenderiſchen Schatten vereinigt ſeyn ſollten," iſt auf allen Anhöhen der ſtörriſche kauernde Baumklumpen ſorgfältig herausgeputzt. Manchmahl iſt aber die Gegend von ſo weitem Umfange, daß die Baumklumpen von gewöhnlicher Größe keine Figur ſpielen würden, wenn ſie nicht auf eine übertriebene Art vervielfältigt wären; in dieſem Falle iſt es ſehr sinnreich ausgedacht worden, daß man eine Anzahl derselben in einen großen Klumpen zusammenpackt, und diese dichten plumpen Massen sind ohne viel Wahl hier und da in den Grund eingeschlagen.

Ich habe zwey Plätze, nach einem sehr großen Maßstabe, von einem sehr berühmten Anleger von Profession auf diese Art angelegt gesehn. Die Bäume, die vorzüglich prangten, waren Lerchenbäume*), und wegen der Menge ihrer scharfen Spitzen erschien die ganze Gegend en herisson gestaltet zu seyn, und hatte stark den nehmlichen Grad von Aehnlichkeit mit einer natürlichen Scenerie als einer von den alten militärischen Plänen, wo sich hie und da Plotons von Spießträgern befinden, mit einem Kupferstiche nach Claude lorrain oder Poussin. Ob ich gleich die Bäume sehr schätze, so wollte ich sie doch lieber entbehren, als in solcher Stellung haben; wirklich habe ich oft Hügel gesehn, deren Umriß — Anschwellungen — und tiefe Höhlen eine so gute Wirkung thaten, und deren Oberfläche durch die Mischung des glatten kurz abgerasesten Rasens mit

---

*) Die Lerchenbäume fallen, wenn sie durch das Ganze einer neuen Pflanzung (wenn gleich in geringen Verhältnissen,) gemischt sind, wegen ihres geschwinden Wuchses, ihrer spitzigen Gipfel und eigenthümlicher Farbe so in die Augen, daß das ganze Gehölze aus nichts anders zu bestehen scheint.

Die Wipfel aller Bäume von einer runden Krone (besonders der Eiche,) wechseln bey jedem Baume ab; bey allen spitzigen Bäumen aber kann nur ein einziger Wipfel seyn.

Zweites Kapitel.

der reichen, wenn gleich kurzen Kleidung des Farren-
krauts, Heidekrauts oder Ginsters, und durch die
verschiedenen Oefnungen und Schafwege zwischen
denselben so vermannichfaltigt war, daß es mir weh
gethan hätte, das Ganze mit dem schönsten Gehölze
überdecken zu lassen; ja, daß ich schwerlich Bäume,
von der glücklichsten Stellung dahin hätte wünschen
können, und folglich nach Verhältniß diejenigen ge-
fürchtet hätte, welche da gewöhnlich von der Kunst
angebracht werden. Ein Anleger besitzt selten eine
solche Furcht; im Allgemeinen ist dieses die Haupt-
idee, die ihn einnimmt, sein Eigenthum auszuzeich-
nen, und er ist auch nicht eher ruhig, bis er sein Panier
auf allen Anhöhen aufgeschlagen hat *). Das be-

*) Eitelkeit ist für jede Verbesserung ein allgemeiner
Feind, und für die wirkliche Verbesserung der Schönheit der Gründe ist kein größerer Feind, als die närri-
sche Eitelkeit, mit der Ausdehnung derselben und mit
mancherley Merkmahlen von des Besitzers Eigenthum,
unter dem Nahmen von »Zueignung« Parade zu
machen. Wo etwa edle vortrefliche Züge sind, die
durch geringere Gegenstände erniedrigt werden — wo
eine größere Ausdehnung eine reiche und mannichfaltige Begränzung darstellen würde, und diese Begränzung mit dieser Ausdehnung proportionirt ist —
da muß man natürlich alles, was solche Scenen unterdrückt oder herabwürdiget, wegschaffen; wo aber keine solche Züge, keine solche Begränzungen sind —
und man eignet sich dadurch zu, daß man manche
angenehme Wiese zerstört, und einem, wenn sie zu
Einem großen Gemeinanger angelegt worden, so viel
Grün zeigt, daß man vor Ekel in ein hitziges Fieber
fallen möchte — dadurch, daß man ihre nackten Hecken
Baumklumpenmäßig einrichtet, und andere Baum-

g'nstiget wirklich seine Ruhmbegierde; es erregt die Neugierde und die Bewunderung des gemeinen Mannes; und Reisende von Geschmack werden natürlich dadurch gereitzt, aus einem andern Bewegungsgrunde sich zu erkundigen, wem diese unglücklichen Hügel angehören.

Es macht einen niedergeschlagen, wenn man die langsamen Fortschritte der Schönheit mit dem jähen Wuchs der Ungestaltheit vergleicht; Bäume und Gehölze, die in dem edelsten Stile angepflanzt sind, ziehen Jahre lang nicht die Aufmerksamkeit des Mahlers stark auf sich, wenn gleich der Pflanzer, zum Glück für ihre Erhaltung, einer zärtlichen Mutter*), die gegen ihre Kinder zur Zeit, da sie andere am wenigsten interessiren, die größte Zärtlichkeit hegt, gleichet.

> Klumpen und Flecken von ausländischen Gewächsen anpflanzet, die bey denselben große Augen zu machen und sich zu wundern scheinen, wie sie dahin kamen --- dadurch, daß man manche frohe eingezogene Bauerhütte, die mit nichts weiter, als mit der despotischen Liebe zu Ausschließung in Collision kam, niederreißt, und vielleicht, um es wieder gut zu machen, ein regelmäßig mahlerisches Dorf baut --- so heißt das, sich dadurch zueignen, daß man alle diejenigen beleidiget, deren Geschmack nicht gefühllos oder verdorben ist, in eben dem Verstande, als ein Aldermann oder Rathsperson sich ein Schildkrötengericht dadurch zueignet, daß er darüber nieset.

*) Madame de Sevignè, deren mütterliche Zärtlichkeit sich selbst auf ihre Pflanzungen erstreckt zu haben scheint, sagt: "je‚sais abbattre de grands arbres parcequ'ils nuisent à mes jeunes enfants."

Zweites Kapitel.

Bey dem Verunstalter aber (ein Nahme, der oft mit dem Worte Anleger gleichbedeutend ist,) ist es keine Nothwendigkeit, daß seine Bäume ihren völligen Wuchs erreichten; so bald er seine runden Umzäunungen angelegt und gepflanzt hat, so ist sein Hauptgeschäft geschehn; das Auge, das dem kühnen Schwung des Umrisses und der ganzen belustigenden Wellenförmigkeit des Grundes zu folgen gewohnt ist, findet sich plötzlich durch diese unzeitigen Baumklumpen aufgehalten, und wird selbst in seinem Fortgange gehemmt. Sie haben eben die Wirkungen auf die Hauptzüge der Natur, als ein Auswuchs auf die Hauptzüge des menschlichen Angesichts hat, obgleich an demselben die Proportion des einen Zuges gegen den andern bey verschiedenen Personen sehr abwechselt, so verschaffen doch diese Verschiedenheiten, so wie ähnliche in der leblosen Natur, Mannichfaltigkeit des Characters, und alle Theile stimmen zusammen; es sey aber einmahl eine Warze oder eine Blatter auf irgend einem hervorragenden Zuge, — so kann keine Würde oder Schönheit der Gesichtsbildung die Aufmerksamkeit davon abziehen; dieser kleine, runde, deutliche Klumpen hat, indem er das Auge beleidiget, eine Zauberkraft, es auf eine Ungestaltheit zu heften. Dies ist genau die Wirkung der Baumklumpen; die Schönheit oder Größe der sie umgebenden Parthien dient bloß, um sie noch scheuslicher in die Augen fallend zu machen, und die dunkle Tinte der Schottischen Kiefer (woraus sie gemeiniglich bestehn,) gibt ihnen, da sie sie von allen andern Gegenständen, theils durch die Farbe, theils durch die Form absondert, die letzte Vollendung.

Aber auch große Pflanzungen von Kiefern haben, wenn sie nicht die natürlichen einheimischen Bäume des Landes sind, und wenn man sie, wie es gewöhnlicherweise der Fall ist, zu dick gelassen, nach meinem Gefühl ein rohes Ansehn, und zwar nach eben dem Grundsatze, daß sie mit der übrigen Landschaft nicht harmoniren. Ein Pflanzer wünscht natürlich, so bald als möglich ein Ansehn von Gehölz hervorzubringen; er setzt daher seine Bäume recht nahe zusammen, und hernachmahls läßt es selten seine väterliche Liebe zu, einige einmahl davon zu fällen. Folglich werden sie alle genau nach einerley Höhe zusammen aufgezogen; und da ihre Kronen sich einander berühren, so kann keine Mannichfaltigkeit, keine Unterscheidung der Form Statt haben, sondern das Ganze ist eine ungeheure, ungebrochene, unabwechselnde Masse. Das Ansehn derselben ist so einförmig todt und schwerfällig, daß es, statt jener freudigen Ideen, die von dem frischen und üppigen Laube*), und von

---

*) Vielleicht sollte man, genau genommen, das Wort Laub niemahls von Kiefern gebrauchen, da sie keine Blätter haben, und ich glaube, es ist eines Theils diesem Umstande zuzuschreiben, daß sie das Freudige nicht haben. Diejenigen unter den niedrigern immergrünen Gewächsen, welche Blätter haben, als die Stechpalme, der Lorbeerbaum, der Erdbeerbaum sind von freudigerm Ansehn, als der Wachelderstrauch, der Cypressenbaum, der Lebensbaum u. dergl. Des Eibenbaums Blätter (wenn man sie so nennen darf,) haben eben den Character stark, als einige der Kiefern.

Zweites Kapitel.

den lockern Tinten der Sommergrünen Bäume entspringen, etwas von jenem schrecklichen Bilde — jener Verlöschung der Form und Farbe hat, die Milton Blindheit wegen empfand, indem ihm, der die Gegenstände mit einem Mahlerauge betrachtete, so wie er sie mit einem Dichterfeuer beschrieb, „das Loos zu Theil ward, daß ihm die Werke der Natur in einer allgemeinen Weiße erschienen."

Man muß auch bedenken, daß das Auge von den Gegenständen einen Eindruck empfindet, der dem vom Schweren ähnlich ist, wie es aus dem Ausdrucke, eine schwerfällige Farbe, eine schwerfällige Form, erhellt; hieraus entsteht die Nothwendigkeit, ein gehöriges Gleichgewicht von beyden bey Landschaften in Acht zu nehmen, und dies ist ein sehr wichtiger vorzüglicher Theil der Mahlerkunst. Wenn in einem Gemälde die eine Hälfte hell und leicht sowohl in den Formen, als in den Tinten, und die andere ein dunkeler schwerfälliger Klumpen wäre, so würde der unwissendste Mensch zuverlässig über den Mangel an Gleichgewicht und Harmonie, wenn er auch nicht wüßte, nach was für einem Grundsatze, Mißvergnügen empfinden; denn diese groben mißhelligen Wirkungen wirken nicht allein deswegen stärker, weil sie in einen engen Raum zusammen gebracht sind, sondern auch, weil sie nicht durch die Mode in Gemälden authorisirt, oder durch die Gewohnheit gemein geworden sind.

Zweites Kapitel.

Die Innenseite dieser Pflanzungen entspricht völlig dem schrecklichen Ansehn der Außenseite*): unter allen entsetzlichen Scenen scheint mir die wahrscheinlichste für einen Menschen zu seyn, sich darin zu hängen; er würde jedoch bey der Ausführung einige Schwierigkeit finden; denn es ist selten unter der unzähligen Menge Stämme ein einzelner Seitenast anzutreffen, woran ein Stück befestigt werden könne. Das ganze Gehölze ist eine Sammlung von langen nackten Stangen mit einigen wenigen struppichten Zweigen an der Spitze; oben ist eine einförmige rostige Kappe, die durch abgestorbene und absterbende Reißer und Aeste zu sehen ist; unten ist der Erdboden von dem kläglichen Tröpfeln versenkt und verbrannt, und kaum eine Pflanze oder ein Grashalm

*) Ich habe Personen gekannt, die die Innenseite eines dichten Gehölzes (eines immergrünen oder Sommergrünen) für elend und armselig anerkannten, und gleichwohl glaubten, daß die Außenseite desselben in einer Entfernung eben so gut, als die von einer lichtern aussähe. Die Gebrechen aller Gegenstände werden freylich vermindert, je mehr sie sich dem Auge entfernen, so weit man aber die Form erkennen kann, (und dies begreift einen großen Umfang,) ist der Unterschied zwischen einem Gehölze, wo die Bäume zusammen gedrängt worden, und einem andern, wo ihre Kronen vollkommnen Platz, sich auszubreiten, gehabt haben, sehr merklich. Wenn zwey solche Gehölze, selbst am äußersten Ende einer weiten Ansicht, durch einen Schimmer von Sonnenschein beleuchtet werden, so wird die Tiefe des Schattens, und die Vollheit, Pracht und Reichthum des einen, dasselbe deutlich von der einförmigen Schwerfälligkeit des andern unterscheiden.

Zweites Kapitel.

zu sehen, nichts, das eine Idee von Leben und Vegetation geben kann, und selbst sein Dunkel ist ohne Feyerlichkeit; es ist nur matt und grause, und was von Licht da ist, das „dient nur, wie das in der Hölle, um Scenen der Qual, Regionen des Jammers, betrübte Schatten darzustellen."

In einem Haine, wo die Bäume Platz gehabt, sich auszubreiten, (und in diesem Falle schließe ich keinesweges die Schottische Kiefer *) oder eine von den Fichten aus,) ist in dem Schatten eine feyerliche Größe, die sowohl von dem breiten und abwechselnden Himmel oben drüber, von der geringen Anzahl und starken Größe der Stämme, von denen der Himmel getragen wird **), als von den großen freyen ungestörten Zwischenräumen kommt: ein dichtes Kiefergehölze aber ist vielleicht das einzige, wo die entgegengesetzten Eigenschaften der Fröhlichkeit und Größe, der Symmetrie und Mannichfaltigkeit gleichmäßig ausgeschlossen sind, und in denen nicht der geringste Grad von Verwickelung ist, wenn gleich das Gesicht durch die Verwirrung kleiner Gegenstände beunruhigt, verwirrt und ermattet wird.

---

*) Gilpin hat den mahlerischen Character der Schottischen Kiefer (wenn sie Raum gehabt, sich auszubreiten,) in seinen Bemerkungen über Waldscenerie vortreflich angegeben; und verwirft eben so richtig die gewöhnliche Methode, sie zu pflanzen und in einer dichten Ordnung zu lassen.

**) Dieser Umstand scheint Virgil bey Gelegenheit eines einzelnen Baums gerührt zu haben:
   Media ipsa ingentem sustinet umbram.

Zweites Kapitel.

Man braucht die Kiefer, die in derselben geschlossenen Ordnung gepflanzt und geblieben sind, sehr gewöhnlich zu Wänden und Befriedigungen an solchen Plätzen, wo Verbergung nöthig ist: da aber überhaupt der untere Theil solcher Wände am wichtigsten ist, so sind sie aus vorher angeführten Gründen zu diesem Endzweck die unschicklichsten Bäume; allein, man nehme den Fall an, sie befänden sich genau in dem Zustande, wie es der Pflanzer wünschte, daß die äußern Zweige vor den Thieren bewahrt, und daß sie, wenn gleich längst dem Gipfel eines Hügels angepflanzt, von Wind und Schnee und so manchen Zufällen, denen sie in frostigen Gegenden ausgesetzt sind, verschont geblieben; dann würden sie jener vortreflichen Beschreibung von Mason genau entsprechen:

„Die Schottische Kiefer hebt ihr unrühmliches Haupt in einer düstern Reihe empor, und befleckt den schönen Horizont."

Nichts kann genauer oder kräftiger ausgedrückt seyn, oder ein richtigeres Bild in der Seele erwecken. Jede dicke ungebrochene schwarze Masse ist (besonders, wenn man sie mit sanftern Tinten in Vergleichung stellen kann,) ein Fleck, und hat eben die Wirkung auf den Horizont in der Natur, als wenn man einen Dintenfleck auf den Horizont eines Claude Lorrain brächte. Dies heißt aber, sie in ihrem erträglichsten Zustande betrachten, indem sie wenigstens dem Endzweck einer Wand, wenn gleich einer

Zweites Kapitel. 189

schwerfälligen, entspricht; allein es trägt sich eben so oft zu, daß die äußern Zweige nicht über halb herunter reichen; und dann ist, außer der langen, schwarzen, geraden ebnen Linie, die oben den Horizont schneidet, unten ein blendendes Streiflicht, das überall durch die magern und nackten Stangen, (die, wenn sie gegen einen so schwarzen Grund stehen, noch erbärmlicher mager sind,) durchbricht, und die Armseligkeit und Dünnheit der Befriedigung deutlich zeigt. Manche gewöhnliche Hecke, die man wild hat wachsen lassen, mit einigen wenigen Bäumen darin, ist eine viel mannichfaltigere und wirksamere Wand; es gibt aber Hecken, wo Eibenbäume und Stechpalmen mit Bäumen und Dornsträuchern vermischt — von unten bis oben so dick — an ihrem Umrisse — in den Tinten und in dem Licht und Schatten so mannichfaltig abgeändert sind, — daß das Auge, welches mit Vergnügen bey ihnen verweilet, völlig getäuscht wird, und weder durchsehen, noch ihren Mangel an Tiefe entdecken (sogar kaum muthmaßen) kann.

Dieser auffallende Contrast zwischen einer bloßen Hecke und Bäumen, die ausdrücklich zum Behuf der Verbergung und Schönheit gepflanzt sind, gibt einen sehr nützlichen Wink nicht allein für Wände und Befriedigungen, sondern auch für jede Art Zierpflanzungen. Er scheint deutlich zu beweisen, daß man Verbergung ohne eine Mischung von niedrigern Gewächsen, als zum Beyspiel Dornsträucher und

Stechpalmen, nicht hervorbringen kann, indem sie, da sie von Natur buschigt sind, die niedrigern Stellen, wo die größern Bäume nackt ausfallen, ausfüllen; daß ein solches Gemische eine große Mannichfaltigkeit des Umrisses bewirken muß, da diese niedrigern Gewächse die größern nicht hindern, ihre Kronen auszubreiten; zu gleicher Zeit dienen sie wegen ihrer verschiedenen Höhen, die sich mehr oder weniger den Höhen der hohen Bäume nähern, diesen zur Begleitung, und bilden mit ihnen Gruppen, und verhüten das steife gezwungene Ansehn, welches Bäume gemeiniglich haben, wenn große Zwischenräume zwischen ihnen sind, wenn sie auch selbst in keinen regelmäßigen Weiten von einander angepflanzt worden.

Ich glaube, daß, wenn man diese Methode bey allen zierlichen Pflanzungen befolgte, es größtentheils den übeln Wirkungen, wenn man sie entweder aus närrischer Liebe oder aus Nachläßigkeit zu dicht gelassen, vorbeugen würde. Man nehme zum Beyspiel an, daß, anstatt der gewöhnlichen Methode, eine immergrüne Pflanzung bloß von Kiefern allein anzulegen, und diese dicht und enge zusammenzusetzen, die Kiefern acht, zwölf und mehr Yards (natürlich müßten die Weiten abwechseln,) von einander gepflanzt, und die Zwischenräume mit den immergrünen Sträuchern ausgefüllt würden*). Alle

---

*) Ich glaube, nur drey Sorten sind in England einheimisch, Stechpalme, Buchsbaum und Wacholderstrauch, denen man den Eibenbaum seines langsamen

Zweites Kapitel. 191

diese würden in einigen Jahren zusammen aufwachsen, die Kiefern aber endlich über sie alle aufschießen, und hernach nichts antreffen, was ihr Wachsthum in irgend einer Richtung hemmen könnte. Man nehme an, ein solches Gehölze, nach dem größten Maßstabe, bliebe zwanzig, dreyßig oder irgend eine Reihe Jahre sich selbst überlassen, und nicht ein Zweig würde abgehauen, und es käme nun in eines Hände, der dieser reichen, aber einförmigen Masse Mannichfaltigkeit geben wollte. Er möchte gern an einigen Stellen einen lichten Hain *) bloß von Kie-

Wuchses wegen, und weil er unter der Traufe anderer Bäume so gut thut, beyfügen kann. Jedoch gibts eine große Menge ausländischer, die vollkommen ausdauern, und viele andere, die an Oertern, wo sie Schauer haben, fortkommen, und der bedenklichste Mensch wird zugeben, daß sie unter den Kiefern (von denen der größte Theil ausländisch ist,) völlig dem Character gemäß sind. Wer zu Mount Edgecumbe gewesen, und sich der Mischung des Erdbeerbaums u. dergl. mit den sich ausbreitenden Fichten erinnert, wird keiner fernern Empfehlung dieser Methode bedürfen. Ich muß gestehen, daß es unter allen den großen Zügen dieses vortreflichen Platzes keinen geringen Eindruck auf mich machte.

*) Ein Hain oder Wäldchen von großen ausgebreiteten Fichten ist sehr feyerlich, diese Feyerlichkeit könnte aber nach Gelegenheit durch eine Mischung von Eibenbäumen und Cypressenbäumen mannichfaltig gemacht, und in einigen Rücksichten erhöht werden, welches zugleich eine Idee von äußerster Einsamkeit und bey Grabstätten gewöhnlicher Schwermuth beybrächte. An andern Stellen könnte im Winter durch Stechpalmen, Erdbeerbaum, Laurus Tinus und andere, welche in dieser Jahreszeit Beeren und Blumen tragen, ein sehr angenehmer Contrast gebildet werden.

fern haben; in diesem Falle hätte er nur alle die immergrünen Sträucher wegzuräumen, und die Kiefern, welche stehen blieben, würden wegen ihrer freyen ungezwungenen Art zu wachsen so erscheinen, als wenn sie in dieser Absicht gepflanzt worden wären. An andern Stellen könnte er jene schöne Waldmäßige Mischung des lichten Hains, mit Dickigt und locker zerstreuten Bäumen, Rasenflächen und Blößen von mannichfachen Gestalten und Ausmessungen, die auf mancherley Art begränzt wären, anbringen. Manchmahl konnte er den Grund zu einer tiefen Höhle, die eine Art von Amphitheater bildete, ausgehöhlt antreffen, und da könnte er, um ihre allgemeine Gestalt sehen zu lassen, und doch ihren einsamen entlegenen Character zu erhalten, nur eine partielle Wegräumung vornehmen, da ihm alles, was einem Platze dieser Art Verwickelung, Mannichfaltigkeit und Einsamkeit geben kann, bey der Hand wäre.

Man könnte in der That einwenden, (und nicht ohne Grund,) daß dies immergrüne Unterholz so dichte gewachsen seyn wird, daß, wenn es gelichtet wird, die stehen gebliebenen Pflanzen nackt und bloß sehen werden; und nackt werden sie aussehen, denn das muß nothwendigerweise die Wirkung davon seyn, wenn man Bäume zu dicht läßt. Man hat aber verschiedene Gründe, warum es in diesem Falle von geringern Folgen ist. Der erste und wesentlichste ist, daß der Hauptumriß des Gehölzes, der durch die höchsten Bäume gebildet wird, nicht verletzt wird;

Zweites Kapitel.

wird; ein anderer ist, daß von diesen niedrigern Bäumen, da sie von verschiedenem Wuchse sind, einige ihre Nachbarn in eben dem Maße werden überlaufen haben, als die Fichten diese überliefen, und folglich ihre Kronen Platz werden gehabt haben, sich auszubreiten, und eine Abstufung von den höchsten Kiefern zu dem niedrigsten Unterholze bilden. Ferner, kommen viele dieser immergrünen Sträucher gut unter der Traufe längerer Bäume fort, und vertragen auch das Beschneiden; daher würden, wenn man einige beschnitte, und andere abhauete, die entblößten Theile der längern in kurzer Zeit bedeckt werden; und das Ganze eines solchen Gehölzes könnte nach Belieben in Oefnungen und Gruppen, die in der Form, Größe und in den Graden der Verbergung von den Rändern des lockersten Gewebes an, bis zu dem dichtesten und undurchdringlichsten Dickigt verschieden sind, abgetheilt werden *).

*) Diese Methode ist gleichfalls gut bey Pflanzungen Sommergrüner Bäume, wiewohl nicht in dem nehmlichen Grade, als bey denen von Kiefern, nothwendig; und ob ich gleich bloß zierliche Pflanzungen erwähnt habe, so glaube ich doch, wenn immer Dornsträucher mit Eichen, Buchen u. dergl. vermischt wären, daß diese außer dem Nutzen, den sie dadurch leisten, daß sie verhüten, daß die Waldbäume nicht zu enge an einander gepflanzt werden, keinesweges unvortheilhaft seyn würden. Nähme man sie heraus, ehe sie zu groß wären, um leicht zu versetzen, so ist ihr Nutzen zu Hecken und der geschwinde Handel damit zu diesem Endzweck allgemein bekannt; ließe man sie länger stehen, so sind sie besonders nützlich, in Klüften zu verpflanzen, wo kleinere ersticken würden; und

N

Zweites Kapitel.

Es sind wenig Operationen bey Kunstanlagen so ergötzend, als wenn man eine Scene nach und nach öfnet, da wo die Materialien nur zu reichlich sind, aber nicht völlig verdorben, wie in einem dicken Kiefergehölze. In diesem findet keine Auswahl Statt — in diesem ist keine Uebung für die Urtheilskraft bey Stellung der Gruppen, Massen oder einzelnen Bäume — kein Vermögen, den Pflanzenwuchs durch Schneideln oder Abhauen zu erneuern — oder dadurch und schwerlich durch irgend andere Mittel die geringste Verwickelung oder Mannichfaltigkeit hervorzubringen. Wenn man eine nackte Stange wegnimmt, so ist die hintere von dieser so wenig unterschieden, daß man mit Macbeth ausrufen möchte: „dein Ansehn ist wie das erste — das dritte wie das vorige — Schrecklicher Anblick." — und so würden sie ohne Mannichfaltigkeit fortgehn, „wenn gleich ihre Linie sich bis zur Zertrümmerung

blieben sie stehen, so würden sie immer ein herrliches Heckenholz abgeben, und ganz all' den gewöhnlichen Absichten des Unterholzes entsprechen. Zur Zierde könnte man eine große Mannichfaltigkeit von niedrigen Gewächsen hinzufügen; und unter andern von den verschiedenen Arten Dornsträucher die ahornblättrigen, u. s. w.

Es ist nicht unsere Meinung, daß die größten Gewächse niemahls nahe an einander gepflanzt werden sollten; die schönsten Gruppen werden oftmahls durch eine solche dichte Vereinigung gebildet, aber nicht, wenn sie alle zu gleicher Zeit gepflanzt und zusammen aufgezogen worden. Ein verständiger Anleger wird wissen, wenn und wie man von einer Methode, so allgemein gut sie auch seyn mag, abweichen muß.

Zweites Kapitel.

des jüngsten Tages erstreckte." Ich glaube ganz und gar nicht, daß ich bey Beschreibung dieser beyden Gehölze die Häßlichkeit und die unverbesserliche Einerleyheit des einen, und die Mannichfaltigkeit und Schönheit, deren das andere fähig ist, übertrieben habe. Ich meyne jedoch jene Mannichfaltigkeit, die aus der Manier, nach welcher diese immergrünen Gewächse angeordnet werden könnten, aber nicht aus der Menge unterschiedener Sorten entspringt. Ich habe in der That oft in Waldungen (diesen großen Magazinen von mahlerischer Anordnung der Bäume) die Bemerkung gemacht, daß einzig und allein von der Eiche, Buche, Dornsträuchen und Stechpalmen so viele Combinationen entstanden, die in der Wirkung von dem, was man durch eine noch so große Verschiedenheit von Bäumen, die zusammen geklumpt sind, gewinnt, so abgingen, daß man schwerlich mehr Abwechslung wünschte; es erinnerte mich an das, was man von den ältern Griechischen Mahlern erzählt, daß sie bloß mit vier Farben das thaten, was in den ausgearteten Zeiten der Kunst durch den gesammten Beystand der Chymie nicht ausgerichtet werden konnte.

Der wahre Endzweck der Mannichfaltigkeit ist, das Auge zu heben, und nicht zu verwirren; sie besteht nicht in der Verschiedenheit einzelner Gegenstände, sondern in der Verschiedenheit ihrer Wirkungen, wenn sie mit einander verbunden sind, in der Verschiedenheit der Zusammensetzung, und des

Characters; viele glauben aber, sie haben diesen großen Endzweck erreicht, wenn sie alle die schweren Nahmen des Linneischen Systems in einen Haufen zusammengestellt haben *); wenn aber eine so große Verschiedenheit von Pflanzen, als man gut zusammensetzen kann, in jedem Lustgebüsche oder in jeder Pflanzung dargestellt wird, so ist das Resultat Einerleyheit von einer andern Art, aber eine eben so wahre Einerleyheit, als daher entstehen würde, wenn gar keine Verschiedenheit wäre; denn ohne eine gewisse Unterschiedenheit, ohne gewisse bezeichnete Züge, bey denen das Auge verweilen kann, kann keine Sache Mannichfaltigkeit des Characters haben.

In Waldungen und Holzgemeinheiten kömmt man bisweilen von einer Stelle, wo Stechpalmen hauptsächlich die Oberhand hatten, auf eine andere, wo vorzüglich Wacholdersträuche oder Eibenbäume die immergrünen Gewächse sind; und wenn da vielleicht an Sommergrünen Bäumen und Unterholze

---

*) Im botanischen Gesichtspunkte ist eine solche Sammlung äußerst rar und unterhaltend, in einer Landschaft aber ungefähr eine eben so gute Probe von Mannichfaltigkeit, als es ein Vers aus Lilly's Grammatik in einem Gedichte seyn würde:

Et postis, vectis, vermis societur et axis.

Eine Sammlung ausdauernder ausländischer Pflanzen kann man auch als einen sehr schätzbaren Theil von des Anlegers Palette betrachten, und sie kann manche neue und harmonische Verbindung von Farben darreichen: aber alsdann muß er die Palette nicht ein Gemälde nennen.

die nehmliche Art von Abwechselung ist: so macht dies einen neuen Eindruck auf uns; aber man mische sie auf allen Stellen gleichmäßig zusammen, und Verschiedenheit wird eine Quelle von Eintönigkeit.

Zwey der vorzüglichsten Gebrechen bey der Anlage der Landschaften sind die einander entgegengesetzten Extreme, daß die Gegenstände zu gedrängt oder zu zerstreut sind; der Baumklumpen ist eine glückliche Vereinigung dieser beyden Hauptgebrechen; er ist zerstreut in Rücksicht auf die allgemeine Anlage, und dicht und klumpicht, wenn man ihn für sich betrachtet.

Eine Hauptursache der höhern Mannichfaltigkeit und Reichthums unverbesserter Parke und Waldungen, wenn man sie mit den Rasenteppichen und dem geschmückten Grunde vergleicht, und weshalben sie von Mahlern desto mehr geschätzt werden, ist — daß die Bäume und Gruppen selten gänzlich allein und abgesondert stehn *); daven und von allem, was in der natürlichen Scenerie am meisten anzieht, sind Zufall und Vernachlässigung die beyden Hauptquellen.

*) In dem Werke Liber veritatis, das über dreyhundert Zeichnungen von Claude Lorrain enthält, sind nicht mehr, glaube ich, als drey einzelne Bäume. Dies ist ein starker Beweis, (und ich denke, die Werke anderer Mahler werden es völlig bestätigen,) daß diejenigen, welche die Wirkung sichtbarer Gegenstände vorzüglich studirten, unendlich mehr auf Verbindung, als auf abgesonderte Formen sahen. Das Verfahren der Anleger ist gerade das Widerspiel.

Zweites Kapitel.

In Waldungen und alten Parken bringen die strupplichten Gebüsche junge Bäume in die Höhe und wachsen mit ihnen auf; und daher entspringt die unendliche Mannichfaltigkeit der Oefnungen, Eingänge, Blößen, Formen der Bäume u. s. w. Die Wirkung von alle dem könnte durch einen vernünftigen Stil und Grad der Wegräumung und Polirung erhalten und verschönert, und bey andern Plätzen mit gutem Erfolge nachgeahmt werden.

Rasenteppiche oder Rasenflächen werden sehr gewöhnlich so angelegt, daß man eine Anzahl Felder und Wiesen, deren Innenseiten gemeiniglich von Buschwerk gereinigt werden, an einander fügt; wenn diese Hecken weggenommen sind, so ist es ein großer Glücksfall, wenn die Bäume, die darin standen, und diejenigen, welche auf den offenen Stellen herum zerstreut waren, sich so mit einander verbinden, daß sie ein zusammenhängendes Ganze ausmachen. Die Sache ist alsdann noch mißlicher und gefährlicher, wenn ein Anleger den Eigenthumsherrn beredet hat, ein altes Stammgut dadurch zu verbessern und zu verschönern, daß er hundert Morgen gutes Waizenland zu einer Rasenebne macht; denn die Innenseiten des Ackerlands enthalten selten einige Bäume, und der Hecken sind nur wenige darin; und also sind Baumklumpen und Gürtel die einzige Zuflucht.

Gleichwohl wird eine solche Kunstanlage sehr bewundert; und ich habe häufig gehört, daß man sich wunderte, daß eine grüne Rasenebene, die in

Zweites Kapitel.

der Natur so reitzend ist, so schlecht aussehen sollte, wenn sie gemahlt würde. Man muß zugestehen, daß sie in einem Gemälde erbärmlich matt und geschmacklos aussieht; daran ist aber nicht ganz der Mahler schuld *); denn man kann kaum etwas geschmackloseres erfinden, als eine einförmige grüne Fläche, die mit Baumklumpen punktirt und von einem Gürtel umgeben wird. Denkt man sich aber eine Rasenfläche mit auf die glücklichste Manier zerstreuten Bäumen, und mit so viel Verwickelung und Mannichfaltigkeit, als bloßes Gras und Bäume einer Rasenfläche, ohne ihren Character zu zernichten, geben können, — so würde eine solche Scene, wenn sie von einem Lorrain gemahlt würde, ein sanftes gefälliges Gemälde seyn; es würde ihm aber das aufs genaueste fehlen, was ihm in der Natur fehlt — jene glückliche Vereinigung vom Warmen und

---

*) Ich glaube, es ist außer dem Vermögen der Kunst, eine lange Ausdehnung von glatten ungebrochenen Grün interessant zu machen; man muß aber auch zugeben, daß es nicht so schlecht gemacht werden könnte, als die Vorstellungen von Rasenflächen, die mir von ungefähr zu Gesichte gekommen. Gilpin merkt an, daß, "wenn sich ein See auf der Leinwand in einer einfachen Farbe ausbreitete, es ein matter ermüdender Gegenstand seyn würde;" er hätte können hinzusetzen, ein sehr unnatürlicher: er würde dann mit einem See eben die Aehnlichkeit haben, als einige Abbildungen von Gutsherrn-Landsitzen mit einer Rasenfläche, welche, ob sie gleich im Allgemeinen ein genug matter und ermüdender Gegenstand ist, doch Tinten, und Lichter und Schatten hat, wenn man sie aber auf der Leinwand ausbreitet, durch Eine einfache Farbe von Grün schlecht vorgestellt wird.

Kühlen, vom Glatten und Rauhen, vom Mahlerischen und Schönen, welche den Reiz von Lorrains besten Anordnungen ausmacht. Wären zwey dergleichen Gemälde (beyde gleich gut gemahlt,) neben einander aufgehangen, so würde man die Mängel der glatten grünen Landschaft sogleich bemerken, und könnte man in der Natur zwey dergleichen Scenen in eine eben so geschwinde Vergleichung stellen, so müßte das ein halsstarriger Anleger seyn, der zwischen beyden anstehen wollte.

Allein, obgleich solche Scenen, als die großen Meister wählten, viel mannichfaltiger und lebhafter sind, als eine von bloßem Gras seyn kann, so bin ich doch sehr weit davon entfernt, daß ich den eigenthümlichen Character der Rasenfläche zernichtet haben möchte. Das Studium der Grundsätze der Mahlerey würde von einem Anleger sehr übel angewandt werden, wenn er einer jeden Scene jede Mannichfaltigkeit zu geben suchte, welche in einem Gemälde einzeln betrachtet gefallen könnte, anstatt solcher Mannichfaltigkeiten, die mit den Verbindungen und Abhängigkeiten, die sie von andern Gegenständen hat, und mit ihrem eigenthümlichen Character und Lage bestehen können. Glattheit und Grün sind die beyden vorzüglich characteristischen Schönheiten einer Rasenfläche, sie sind aber ihrer Natur nach mit Eintönigkeit genau verwandt; die Anleger haben aber, statt daß sie diesem Gebrechen, welches diesen wesentlichen Eigenschaften der Schönheit einverleibt ist,

Zweites Kapitel.

hätten abzuhelfen suchen sollen, es vielmehr durch ihre Anlage und Stellung der Bäume und durch ihre Methode, die Ufer der künstlichen Flüsse einzurichten, vermehrt und auffallender gemacht; und haben auch nicht dieses System zu ebnen, und Rasendecken zu machen, auf solche Scenen eingeschränkt, wo Glattheit und Grün das Hauptwerk der Verbesserung seyn muß, sondern es zum Grundprincip ihrer Kunst gemacht *).

*) Man betrachtet eine vollkommen matte viereckigte Wiese, die von einer netten Hecke eingeschlossen wird, und wo weder Bäume, noch Büsche drin sind, nicht allein ohne Verdruß, sondern auch mit Vergnügen; denn sie macht nur auf Nettheit und Nützlichkeit Anspruch: das nehmliche kann man von einem vortreflich bearbeiteten Ackerstück sagen. Wenn aber ein Dutzend Stücke zusammengefügt, und eine Rasenfläche oder ein Lustftück mit offenbaren Ansprüchen auf Schönheit, genennt werden, so wird das Auge verdrießlich, und hat mit dem Geschmack nicht eben die Nachsicht, als mit dem Ackerbau. Guthsbesitzer, die entweder aus falschem Geschmack oder aus niedriger Gewinnsucht solche Scenen oder Gebäude, welche die Mahler bewundern, verunstalten, erregen unsern Unwillen: nicht so ist es, wenn der Ackerbau in seinem allgemeinen Fortgange (wie es oft unglücklicherweise der Fall ist,) mit Mahlertschheit oder Schönheit in Collision kommt: der Mahler möchte in der That darüber klagen; allein diese Wissenschaft, die für das Menschengeschlecht am wohlthätigsten ist, hat auf noch mehr, als seine Verzeihung ein Recht; wenn wildes Dickigt in Scenen des Ueberflusses und Fleißes verwandelt werden, und Zigeuner und Landläufer den minder mahlerischen Figuren der Landwirthe und ihrer Leute Platz machen.

Ich glaube, die Idee, daß Glattheit und Grün den Mangel an Mannichfaltigkeit und Mahlerischheit ersetze, hat ihren Ursprung daher, daß man diejenigen Eigenschaften, die dem bloßen Gesichtsorgan angenehm sind, nicht von jenen mannichfachen Verbindungen unterscheidet, welche durch die fortschreitende Ausbildung dieses Sinnes unerschöpfliche Quellen des Vergnügens und der Bewunderung erzeugt haben. Mason bemerkt, daß Grün dem Auge das ist, was dem Ohr Harmonie ist; die Vergleichung gilt durchaus, denn eine lange Fortsetzung von beyden ohne eine Erhebung ist beyden Sinnen gleich ermüdend. Sanfte und fließende Töne sind diejenigen, welche dem bloßen Sinn sehr angenehm sind; die geringste künstliche Verbindung (selbst die, da eine Tertie von einer andern Stimme unten gesungen wird,) zieht anfangs die Aufmerksamkeit von der Melodie ab; wenn das vorbey ist, so erscheint ein Venetianisches Duett als die vollkommenste Melodie und Harmonie. Das Ohr ermüdet allmählig, wie das Auge, durch die Wiederholung einer fließenden Weise, und verlangt einige Bezeichnungen von Erfindung, von originellen und rührenden Character sowohl, als von Anmuth in den Melodien eines Componisten; es faßt immer mehr und mehr verwickelte Verbindungen der Harmonie und Gegenstellung der Theile nicht allein ohne Verwirrung, sondern auch mit Vergnügen auf, und zwar mit demjenigen Vergnügen, (als dem einzigen dauerhaften,) das theils durch die Wirkung des Ganzen, theils

Zweites Kapitel.

durch das Detail der Theile erzeugt wird*). Hat man sich einen Geschmack für solche künstliche Verbindungen erworben, so erhöht dieses, weit entfernt (ausgenommen bey eingeschränkten pedantischen Köpfen,) einen Geschmack für simple Melodien, oder simple Scenen auszuschließen, den Genuß derselben. Bloß durch solche Erwerbungen lernt man das Einfache von dem unterscheiden, was kahl und alltäglich ist, das Mannichfaltige und Verwickelte von dem, was bloß verwirrt ist.

*) Dies nehme ich für den Grund an, warum diejenigen, die wirkliche Kenner in einer Kunst sind, die unverdrossenste Aufmerksamkeit dem widmen können, was der gewöhnliche Liebhaber bald überdrüßig wird. Beyde werden von dem Ganzen einer Scene (wenn gleich nicht auf einerley Art oder in einerley Grade,) gerührt; der Mahler aber ist auch eifrig beschäftigt, die Theile, und das ganze Kunststück der Natur bey Zusammensetzung eines solchen Ganzen zu untersuchen. Der gewöhnliche Liebhaber bleibt bey der ersten beglerigen Anschauung stehn, und ich habe diejenigen, die bey andern Fortsetzungen den feinsten Geschmack zeigten, sagen hören: »Warum wollen wir diese Dinge länger betrachten — wir haben sie gesehn.«

Non piu parlar di lor', ma guarda e passa.

Drittes Kapitel.

Die prächtigsten und einnehmendsten von allen Wirkungen bey einer Landschaft werden durchs Wasser hervorgebracht, auf dessen Behandlung sich absonderlich Brown, wie ich gehört, viel zu gut that. Wenn diejenigen Schönheiten bey natürlichen Flüssen und Seen, welche von der Kunst nachzuahmen sind, und die Auswählungen derselben in den Werken großer Mahler die besten Führer bey Anordnung der künstlichen sind, so verkannte Brown sein Talent stark; denn unter allen seinen frostigen Werken sind vielleicht seine angelegten Wasserstücke es am meisten.

Eine der rührendsten Eigenschaften des Wassers, die es vorzüglich von dem gröbern Elemente der Erde unterscheidet, ist, daß es einen Spiegel abgibt, und zwar einen, der den Farben, die es zurückwirft, eine besondere Frisch- und Zartheit ertheilt; es mildert die stärkern Lichter, obgleich der helle Schleyer, den es über sie zieht, kaum ihren Glanz zu mindern scheint; es gibt den Schatten Tiefe, indeß seine gläserne Oberfläche ihre Durchsichtigkeit erhält, und gar zu vermehren scheint. Diese schönen und mannichfaltigen Wirkungen aber werden hauptsächlich durch die nahen Gegenstände erzeugt, durch die an den

Drittes Kapitel.

Ufern unmittelbar stehenden Bäume und Gebüsche, durch solche, die über dem Wasser hängen, und unter ihren Zweigen dunkle Höhlen bilden, durch die mannichfaltigen Tinten des Erdreichs, wo der Grund gebrochen ist, durch die Wurzeln und alten Baumstümpfe, Binsenbüsche, und großen Steine, die zum Theil durch die Luft geweißt, zum Theil von Moosen, Flechten und Wetterflecken bedeckt sind, indeß die weichen Grasbüsche, und das glatte Grün der Wiesen, mit dem sie untermischt sind, durch solche Contraste tausendmahl weicher, glatter und grünender erscheinen *).

Um aber Wiederscheine hervorzubringen, müssen Gegenstände da seyn; denn nach einer alten Maxime, die ich aus den alten Französischen Gesetzen habe anführen hören, (eine Maxime, die kaum die Bestätigung einer solchen ehrwürdigen Autorität nöthig hätte,) hat da, wo nichts ist, der Kaiser sein Recht verloren, ou il n'y a rien, le roi perd ses droits; und das ist gemeiniglich der Fall in Betreff Brown's

---

*) Wenn jemand im Ernst eine richtige und unpartheyische Meinung von den Vorzügen eines schönen Flusses, und eines künstlichen, so wie sie zeither angelegt werden, fassen will, der beobachte die Umstände, die ich eben angeführt, zu verschiedenen Tageszeiten und in verschiedenen Graden des Lichts und Schattens; und hernach untersuche er, während dieses alles bey ihm noch in frischem Andenken ist, einen künstlichen Fluß eben so genau und aufmerksam, und urtheile, in wie weit bloßes Grün und Glattheit die gänzliche Abwesenheit jedes andern Dinges ersetze.

künstlicher Flüsse *). Auch würden die Wiederscheine keine große Mannichfaltigkeit oder Lebhaftigkeit haben, wenn nach Walpole's **) Beschreibung, „einige wenige Bäume, die hie und da an den Rändern des Wassers zerstreut stehen, das kahle Ufer, das dessen Krümmungen begleitet, sprenkeln."

*) Ich betrachte Brown als den Herkules, dem die Arbeiten der kleinern zugeeignet werden. Wenn ich von seinem künstlichen Wasser rede, so will ich darunter alles begriffen haben, was von seinen Anhängern nach seinem Modell gethan worden ist; und es kann nicht schwer seyn, dieses Modell genau nachzubilden. Natürliche Flüsse können nur durchs Auge, sowohl im Gemälde, als in der Wirklichkeit, nachgeahmt werden; aber die seinigen können ausgemessen, und von ihnen durch die Messung ein genauer Plan aufgenommen werden; und wenn gleich eine Vorstellung derselben mit einem Claude Lorrain oder einem Gaspar Poussin nicht passen würde, so dürfte sie doch bey einer Charte von den Domainen recht füglich aufgehangen werden.

**) Die angeführte Stelle steht in seiner Abhandlung über neuere Gartenkunst: der Hauptinhalt dieses Paragraphs besteht in Empfehlung des gegenwärtigen Stils angelegter Wasserstücke; allein diese Stelle enthält mehr wahre und beißende Satyre, als jemahls in derselben Anzahl Worte begriffen worden: einige wenige Bäume, zerstreut hie und da an den Rändern des Wassers, sprenkeln das kahle Ufer. Mir scheints, als wenn sein natürlicher Geschmack mitten in den Lobeserhebungen in vielleicht nicht beabsichtigten Tadel ausbräche; und dieserwegen möchte es dem Anleger, der es liest, gut einen Stich geben; denn der Stich ist immer viel empfindlicher, wenn

 Medio de fonte leporum
 Surgit amari aliquid, quod in ipsis floribus angat.

Drittes Kapitel.

Die Krümmungen eines Flusses, welche bey jeder Wendung Scenen von einem andern Character darstellen, machen, daß man den Nutzen und Reitz derselben stark empfindet; wenn aber die nehmlichen Schwingungen so regelmäßig, als die Pas von einer Menuet wiederkommen, so wird das Auge ganz müde, ihnen wieder über und über zu folgen. Was die Schwünge noch steifer macht, ist — ihre außerordentliche Nacktheit; ihre Ränder mit einigen wenigen zerstreuten Bäumen zu sprenkeln, hilft nichts; es müssen Massen und Gruppen, und mancherley Grade von Oefnungen und Verbergung seyn; und dadurch könnte man auch diesen kahlen Ufern etwas wenig Mannichfaltigkeit geben, denn kahl werden sie immer bleiben; und man kann hier anmerken, daß die nehmlichen Gegenstände, welche Wiederscheine hervorbringen, auch Mannichfaltigkeit des Umrisses, der Tinten, der Lichter und Schatten eben sowohl, als Verwickelung bewirken; so genau ist der Zusammenhang zwischen allen diesen verschiedenen Schönheiten, so oft begreift die Abwesenheit einer derselben die Abwesenheit der anderen in sich.

An den Wendungen eines schönen Flusses sind die Linien durch die Hervorragungen, Höhlen und Eingänge, durch den glatten und gebrochenen Grund, durch die offenen Stellen, und durch andere, die mit Bäumen und Büschen gefranzt und überhangen sind, durch die hervorguckenden Felsenstücke und großen bemooseten Steine, und durch alle die sanften und glänzenden Wiederscheine so vermannichfaltigt, daß das Auge lange bey ihnen verweilet; die beyden Ufer scheinen gleichsam ihre Zusammenkunft weit hinaus zu schieben, und die Vereinigung derselben bildet sich unvermerkt, dergestalt sind sie mit einander vermischt und vereinigt. Bey Brown's nackten Canalen hält nichts das Auge einen Augenblick auf, und die beyden kahlen scharfen Ränder scheinen einander zu durchschneiden *). Wäre es ein Vorzug, statt daß es ein Gebrechen ist, wenn sich eine Sache der mathematischen Genauigkeit sehr nähert, so würden die Schwingungen von Brown's Wasser bewundernswürdig seyn; denn sie scheinen nicht nach und nach mit Spaten gemacht, sondern auf einmahl durch ein ungeheures Hohleisen ausgehöhlt worden zu seyn, das man,

*) Burke sagt in seinem Werke, über das Erhabne und Schöne: »wenn man eine kahle Mauer betrachtet, so läuft das Auge wegen der Ebene des Gegenstandes längst deren ganzen Weite hin, und kommt geschwinde an ihre Gränze.« Dies gibt den Grund an von dem gänzlichen Mangel an Mahlerischheit und allem Interesse bey einer ununterbrochenen Fortdauer nackter kantiger Linien; denn wo nichts das Auge aufhält, ist auch nichts, das es unterhält. Ich möchte hinzusetzen, wenn der Grund mit einem scharfen Werkzeuge geschnitten ist, hat es diese idealische Wirkung auf das Auge; es ist eine Metapher, die natürlich in vielen Sprachen da gewöhnlich ist wo Linien (von welcher Ursache sie auch entstehen mögen,) hart und kantig sind. Wenn A. Caracci von dem Kantigen von Raphael in Vergleichung mit Correggio redet, so gebraucht er den Ausdruck coſi duro e tagliente — couleurs tranchantes, etc.

Drittes Kapitel.

man, nachdem es den zurücktretenden Theil auf der einen Seite ausgehauen, an der entgegengesetzten Seite anbrachte, und hernach umwandte, um die Schwünge zu machen, so daß bey jedem Schwunge die zurücktretenden und vortretenden Theile, wenn man sie zusammenschieben könnte, wie die Stücke einer von einander geschnittenen Landcharte zusammen passen würden.

Wenn da, wo diese Wasserstücke angelegt werden, etwa einige plötzliche Brechungen oder Unebenheiten an dem Grunde sind, einiges Dickigt oder Gebüsche, kurz etwas, das das Rohe und Gezwungene des neuen Werks verbergen könnte, so wird, statt daß man dergleichen Zufälligkeiten benutzen sollte, alles gleich eben und kahl gemacht, und durch eine sonderbare Verdrehung der Worte heißt man die Natur ganz nackt entkleiden, sie ankleiden, schmücken.

Ein stilles Wasserstück mit einer solchen magern grasigten Kante sieht wie eine nur eine Zeit dauernde Ueberschwemmung; um dem Ganzen einen Character von Alter, Dauer und Geraumigkeit zu geben, ist einige Höhe nöthig, und ein Grad von Absturzigkeit an einigen Stellen der Ufer — ein Ansehn, als wenn sie durch die Wirkung des Wassers allmählig abgespült und untergraben worden. So wie gemeiniglich die Ufer gemacht werden, möchte ein Fremder oftmahls denken, wenn trockne Witterung käme, würde die Ueberschwemmung vergehn, und die Wiese wieder in ihren vorigen Zustand versetzt werden.

O

Und gleichwohl sollte ich meynen, daß, wenn ein Fremder (so verliebt auch einige Anleger in die Kunst und selbst in den Schein derselben zu seyn scheinen) einen von ihren Klecken von angelegtem Wasser für die Themse hielte, ein solcher Irrthum nicht allein verziehen, sondern wohl für das größte Compliment, ungeachtet Brown's bescheidener Anrede *) an diesen Fluß, angesehen werden würde.

Allein obgleich die Nachahmung der rührendsten Mannichfaltigkeiten der Natur, die so geschickt angeordnet ist, daß sie für die Natur selbst passiren könnte, als die höchste Erreichung der Kunst anerkannt zu werden pflegt, so scheint es doch niemahls irgend einem eingefallen zu seyn, diese Umstände, welche eine so schmeichelhafte Täuschung verursachen könnte, nachzubilden. Wenn man einem von diesen Anlegern den Vorschlag thäte, einen Kunstfluß ohne regelmäßige Krümmungen **), Abhänge und geebnete Ufer, aber mit jenen characteristischen Schönheiten und Nachlässigkeiten zu machen, welche sowohl

---

*) „Themse! Themse! du wirst mir's nie verzeihen." — Ein allgemein bekannter Ausruf von Brown, als er mit Entzücken und Frohlocken einen von seinen Canälen betrachtete.

**) Die Linien bey natürlichen Flüssen, bey zwischen Hecken durchlaufenden Feldwegen, bey den Rändern der Blößen in Waldungen, haben manchmahl das Ansehn regelmäßiger Krümmungen, und scheinen den Gebrauch derselben bey der Kunstscenerie zu rechtfertigen; aber allemahl verwahrt dieselben etwas vor ei-

Drittes Kapitel.

ein gewisses Ansehn von Natürlichkeit, als Mannichfaltigkeit wirklichen Flüssen gewähren, und sie von dem, was durchgehends von der Kunst gemacht worden, unterscheiden, so würden sie Augen wie ein abgestochenes Kalb machen, und sagen, macht nicht solche Dinge. Ihr Talent geht einen andern Weg; und wenn man einen wirklichen Fluß hat, und will ihn von ihnen verbessern oder verschönern lassen, so wird man erstaunen, wenn man findet, wie bald sie ihn wie einen künstlichen machen werden, dergestalt, daß ein noch so kritisches Auge kaum entdecken könnte, daß er nicht von Brown entworfen, und mit dem Spaten und dem Schubkarren gemacht worden.

Allen diesen Mängeln an den Ufern angelegter Wasserstücke könnte man, wie ich überzeugt bin, durch eine vernünftige Behandlung *) ausweichen;

nem so rohen Grad davon. Wenn man bey einer so sehr unmathematischen Sache es wagen wollte, sich einer Anspielung auf diese Wissenschaft oder eines daraus genommenen Ausdrucks zu bedienen, so könnte man dergleichen Linien mahlerische Asymptoten nennen; so sehr sie sich auch den regelmäßigen Krümmungen nähern, so kommen sie denselben doch nicht bey.

*) Repton (der mit Recht an der Spitze der Anleger steht) dürfte die Fehler seiner Vorgänger kräftig verbessern, wenn er seinem Geschmacke und Fertigkeit im Zeichnen, (ein Vorzug, den sie nicht besaßen,) seinem geschwinden Beobachtungsgeist, und seiner Erfahrung im practischen Theile, noch ein aufmerksames Studium dessen, was die höhern Künstler sowohl in ihren

Drittes Kapitel.

es ist aber bey dieser Sache ein anderer Umstand, der von jedem Anleger in Erwägung gezogen zu werden verdiente. Um einen künstlichen Fluß zu machen, muß man nothwendig damit anfangen, daß man einen der größten Reitze eines natürlichen zernichtet; und Bewegung ist ein so großer Reiz und jedem Geschmacke so angemessen, daß, ehe man aus einem fließenden Bach ein stehendes Wasser erzwänge, die Vortheile einer solchen Veränderung ganz augenscheinlich und offenbar seyn sollten: ist es beschlossen, so sollte man nichts, das einen solchen Verlust ersetzte, außer Acht lassen; und da Wasser an sich selbst nur eine einförmige Fläche haben kann, so sollte man

Gemälden als Zeichnungen gethan haben, beyfügen wollte. Ihre Auswählungen und Stellungen pflegen auf manche schönen Anordnungen und Wirkungen in der Natur aufmerksam zu machen, die ohne ein solches Studium dem erfahrensten Beobachter entgehen können.

Die gefährliche Klippe, woran alle Anleger von Profession wahrscheinlich scheitern, ist das Systematische; sie werden theils dadurch, daß sie sich in das, was sie vorher gethan, verlieben, theils durch die Leichtigkeit, das, was sie so oft versucht, zu wiederholen, Schlendrianisten; für einen Schlendrianisten aber gehalten zu werden, ist wenigstens eben so eine große Beschimpfung für einen Anleger, als für einen Mahler. Ich habe niemals ein Wasserstück gesehn, das Repton sowohl entworfen, als vollendet hätte: Brown scheint völlig zufrieden gewesen zu seyn, wenn er einem natürlichen Flusse die Gestalt eines künstlichen gegeben hatte; ich hoffe, daß Repton eine edlere Ehrbegierde besitzen wird — diese nehmlich, daß man seine künstlichen Flüsse und Seen für natürliche halten soll.

Drittes Kapitel.

jede Mannichfaltigkeit, deren die Ufer fähig wären, sowohl aus der Natur, als aus den Gemälden studiren, und diejenigen ausheben, die sich für die allgemeine Scenerie am besten schickten. Gegenstände des Wiederscheins scheinen besonders für stilles Wasser passend zu seyn, denn, außer ihrer klaren hellen Schönheit, mindern sie den kalten weißen blendenden Glanz von dem, was man gewöhnlich einen schönen Wasserbettzug (fine sheet of water) nennt. Dieser Ausdruck enthält, wie ich oben anmerkte, (und ich glaube, das ist auch der Fall mit andern gewöhnlichen Formen von Complimenten) einen ganz passenden Tadel derjenigen Sache, die er zu loben scheint, und, mich dünkt, man kann leicht vom Ursprunge solcher Mischungen von Lob und Tadel den Grund angeben. Derjenige, der von einer solchen Redensart zuerst Gebrauch macht, und sie aufbringt, drückt blos eine plötzliche Idee, die ihn rührt, ohne es genau zu prüfen, aus. Jemand zum Beyspiel, dem man zum erstenmahl ein angelegtes Wasserstück zeigte, würde wahrscheinlich von dem weißen blendenden Glanze des Wassers an und für sich, und von dem einförmigen Grün und der accuraten Ebene dessen Ufers oder vielmehr Randes gerührt; die Idee von Leinenzeuge, das auf dem Grase ausgebreitet ist, mochte daher ganz natürlich ihm einfallen, und er drückte es in der höflichen Sprache durch einen schönen Wasserbettzug aus, und dies wird immer als ein schmeichelnder Ausdruck verstanden und angenommen, obgleich nichts die Gebrechen einer solchen

Scene beißender beschreiben kann *). Wäre an den Ufern Mannichfaltigkeit mit dunkeln Schatten, glänzenden Lichtern und Wiederscheinen gewesen, so würde die Idee eines Bettuchs sich schwerlich dargeboten haben, oder hätte sie sich dargeboten, so würde der, welcher eine solche Vergleichung gemacht hätte, eine sehr schlechte gemacht, und Dinge mit einander verglichen haben, die einander ganz und gar nicht ähnlich sind. Aber im andern Falle kann einander nichts ähnlicher seyn, als ein Bettzug eines Wassers und ein wirklicher Bettzug; und wo ein großer Bleichort ist, da könnte man mit Leinwand die genauesten Nachahmungen von Brown's Seen und Flüssen machen, und sie würden gerade so schickliche Gegenstände der Eifersucht für die Themse abgeben, als eins von seinen Werken.

Ich sehe im voraus, daß die Verehrer von Brown einstimmig das große Wasser zu Blenheim

---

*) Ich war einmal in Jemandes Hause, wo der Baumeister (um mich Colin Campbell's Ausdrucks zu bedienen) »das Majestätische der Façade nicht vor der übeln Wirkung der dicht an einander gepfropften Oefnungen bewahrt hatte.« Einer seiner Nachbarn, der ihm über die Menge und dicht an einander gestellte Ordnung seiner Fenster ein Compliment machen wollte, rief aus: »Was für ein hübsches Haus haben Sie! auf meine Ehre, es sieht aus ganz wie eine Laterne.« Ich muß gestehn, die beyden Complimente sind gleich schmeichelhaft; aber der Ausdruck, eine hübsche Laterne, hat noch nicht das Glück, als der Ausdruck, ein schöner Bettzug, gehabt.

Drittes Kapitel.

als eine vollkommene Antwort auf alles das, was ich gegen ihn über diese Materie gesagt habe, anführen werden. Niemand kann diesen fürstlichsten von allen Plätzen höher schätzen, als ich; man würde aber der Natur und Vanbrugh groß Unrecht thun, wenn man ihre Verdienste um die Anordnung und Bildung desselben nicht von denen von Brown unterscheiden wollte.

Keine von allen übrigen Kunstanlagen ist leichter und gewöhnlicher, als das Dämmen eines Stroms, der durch ein Thal auf einer sanften Ebene fließt; und es erforderte keine Anstrengung des Genies *), den Damm an dem schmalsten und verstecktesten Orte anzulegen, das ist alles, was Brown gethan hat. Er hat in der That das negative Verdienst, (und das ist kein geringes, worauf er nicht allemahl Anspruch machen kann) daß er das entgegengesetzte beholzte Ufer in seinem natürlichen Zustande gelassen **); und

---

*) Ich will nicht so weit gehen, als einer von meinen Freunden (der wegen seiner Neigung, sonderbare Meinungen zu behaupten, allgemein bekannt ist). Dieser äußerte, als wir bey dem Platze von dem großen Wasser und von Brown's Verdienst, es entworfen zu haben, sprachen, er wüßte ganz gewiß, daß zu Blenheim kein Hausmädchen wäre, der es nicht gleich eingefallen seyn würde.

**) Ich bin aber überzeugt, daß ein Brown selten, wenn jemahls, die eigenthümlichen Schönheiten des unverbesserten Zustandes dieses beholzten Ufers fühlt und unterscheidet. Ein Anleger von Profession ist in

hätte er ein so vortrefliches Modell benutzt — hätte er die andern weiter sich streckenden Ufer so eingerichtet und angepflanzt, daß er etwas von dem nehmlichen Stil und Character um den See herum fortgesetzt hätte, (wiewohl mit denjenigen Verschiedenheiten, die natürlich einem Menschen von der geringsten Erfindungskraft beyzufallen pflegen) so würde er, nach meiner Meinung, einiges Recht zu dem Nahmen, der seit seiner Zeit entstanden, (ein Nahme von nicht geringen Ansprüchen, nehmlich der eines Landschaftsgärtners) haben; wenn aber die Ufer oberhalb und bey der Brücke von ihm gemacht, oder auch gebilligt worden, so hatte sein Geschmack mehr von einem Ingenieur, als von einem Mahler; denn sie haben mit dem Glacis einer Festung eine so starke Aehnlichkeit, daß man wohl glauben möchte, diese Gestalt wäre ihnen zur Ehre der Feldzüge des großen

jeder Rückficht einem Gemäldepuzer von Profession gleich; der eine beschäftigt sich immer mit Gründen, und der andere mit Gemälden; die Augen aber, und der Geschmack von beyden werden durch ihre Handthierung so verdorben, daß sie an beyden Dingen nichts, als Gegenstände zum Glätten und Poliren, sehen; und sie arbeiten immer fort, bis sie alles, was unter ihre Hände kommt, zerkratzt und zerschunden haben. Jene characteristischen und geistvollen Rauheiten nebst der Patina, dem Firniß der Zeit, und das die Zeit allein geben kann, (und an Gemälden bisweilen Rohheiten verbergen kann, die selbst der letzten Glasur des Mahlers entgehen) verschwinden sogleich; und die Gemälde und Plätze werden so hell als Scriblerus Schild geputzt, und auch mit eben so weniger Gewissensunruhe.

Drittes Kapitel.

Herzogs von Marlborough in Flandern gegeben worden.

Das Ufer bey dem Wohnhause, das dem beholzten entgegen steht, und einen Theil von dem Luststück ausmacht, ist äußerst gut gerathen; denn dies verlangte einen hohen Grad von Politur, und darin war der Gärtner zu Hause. Ohne die Absicht zu haben, sein wirkliches Verdienst bey dieser Stelle zu schmälern, (aber um es zugleich auf seinen gehörigen Werth, wie es mir vorkommt, zurückzuführen) muß ich bemerken, daß zwey Dinge beygetragen haben, dieser Stelle theils eine reiche prächtige Wirkung in der Ferne, theils ein mannichfaltiges und geschmücktes Ansehn in der Nähe zu ertheilen, und diese Pflanzung ist in beyden Rücksichten von seinen andern sehr unterschieden. Erstlich standen verschiedene alte Bäume da, ehe er seine Werke begann; und ihre hohe und ausgebreitete Gipfel pflegen jenes Matte Todte des Umrisses, cet air ecrasé, das immer seine dichten klumpichten Baumpflanzungen*) darstellen, zu verhüten. Hernach verlangte

---

*) Man könnte es vielleicht für unbillig halten, Brown wegen Gärtner-Nachlässigkeit zur Verantwortung zu ziehen; man könnte sagen, daß es des Anlegers Sache sey, Pflanzungen anzulegen und nicht zu lichten. Allein ein Arzt würde sich sehr schlecht um seinen Patienten verdient machen, wenn er, nachdem er ihm in dem gegenwärtigen Augenblick Vorschriften gegeben, ihn der Sorge seiner Wartfrau überließe und in seinen künftigen Besuchen sich nicht weiter um ihn beküm-

die Lage dieses Platzes ein großes Verhältniß Stauden mit ausländischen Bäumen von mancherley Hö-

merte, sondern der Krankheit ihren Gang nehmen ließe, bis der Patient, ohne Hoffnung, wieder zu genesen, matt und entkräftet geworden. Brown wiederholte, während einer langen Praxis, häufig seine Besuche, allein so viel ich bemerkt habe, tragen die Bäume in seinen Pflanzungen kein Merkmahl von seiner Aufmerksamkeit an sich; in der That beweisen seine Baumklumpen stark seine Liebe für Dichtigkeit. Es ist noch ein anderer Umstand in seinen Pflanzungen, der angemerkt zu werden verdient. Eine seiner liebsten Mischungen war die Mischung von Buchen und Schottischen Kiefern, und in ziemlich gleichem Verhältnisse: wenn man in einem Gehölze Einheit und Einfachheit des Characters hintansetzen muß, so sollte es um einer Mannichfaltigkeit wegen, welche harmonirt, geschehen; zwey Bäume, die einander so gleich an Größe und Anzahl sind, und in der Form und Farbe mit einander so stark contrastiren, leisten das nicht.

Dies erinnert mich an eine Anecdote, die ich von jemand hörte, der überaus sehr gewohnt war, die Gegenstände mit einem Mahlerauge zu betrachten. Er hatte drey Kühe. Als seine Frau aus wahrer Wirthschaftlichkeit die Bemerkung machte, daß zwey für ihren Haushalt ganz hinreichend wären, und ihn bat, er möchte eine fortschaffen: so sagte er, »mein Gott, liebes Weib, zwey Kühe, weißt du ja, machen niemahls eine Gruppe!

Ein dritter Baum hätte (wie eine dritte Kuh) die übel zusammenstimmenden Formen und Farben der Buche und Schottischen Kiefer mit einander vereinigen und verbinden können; allein alles, was ich von Brown's Werken gesehn, hat mich überzeugt, daß er, im figürlichen Sinne, keine Augen hatte; und hätte er, im buchstäblichen Sinne, keins gehabt, so würde es nur ein Privatunglück, ein partielles Uebel und ein allgemeines Gut gewesen seyn.

hen; diese Stauden und Pflanzen von niedrigerm Wuchse, die, ob sie gleich hauptsächlich in Baumklumpen gesetzt sind, davon die kantigen Ränder einen Grad von Steifheit *) haben, doch denen von höherm Wuchse oder den ursprünglichen Bäumen untergeordnet sind, und sich mit denselben gut vertragen, haben von dem entgegengesetzten Ufer her das Ansehn eines reichen Unterholzes; und die Schönheit und verhältnißmäßige Mannichfaltigkeit dieser Gartenscene spricht von allen Seiten für die Methode zu pflanzen, die ich vorher beschrieben habe. Es ist mir aber doch einleuchtend, daß Brown nicht nach Grundsätzen von dieser Methode Gebrauch machte; denn sonst würde er sie wenigstens bey minder polirten Scenen versucht haben, indem er Dorngebüsche,

---

*) All dergleichen Kanten sind nicht weniger dem Schönen, als dem Mahlerischen zuwider; sie sind hart, schneidend und steif, sie zernichten allen Kurzweil des Umrisses — alle Schönheit der Verwickelung. Das Gegrabene nebst dem Kantigen, das dadurch verursacht wird, ist ein Schandfleck, der anfangs (und aus gutem Grunde) des geilen Wuchses wegen geduldet wird; wenn aber der Endzweck erreicht worden, warum erhält man den Schandfleck fort? Niemand, glaube ich, würde es für recht halten, um eine Gruppe von Kalmeas, Azaleas, Rhododendrons, u. dergl. die geil gewachsen, in ihrem natürlichen Boden und Clima einen Kreis oder ein Oval zu graben, um dem Ganzen ein schöneres Ansehn zu geben. Warum gräbt man in unserm Lande immer noch um sie herum, nachdem sie so frech wie unsere Pflanzen zu wachsen angefangen haben? Warum läßt man es nicht sehn, wie freudig sie, ohne die Spuren der Wartung, in ihrem vaterländischen Boden wachsen?

Stechpalmen u. dergl. an die Stelle der Schrubs gesetzt haben würde. Er muß unzählige Beyspiele von der reichen, luftigen und sogar geschmückten Wirkung solcher Vermischungen in Wäldern, Parken, an den Ufern der Flüsse gesehen haben; und von diesen hätte er den nützlichsten Unterricht schöpfen können, wenn man erwarten dürfte, daß diejenigen, welche sich für Verbesserer der Natur ausgeben, es sich gefallen lassen wollten, derselben Schüler zu werden.

Um aber von Brown's Geschmack und Erfindungskraft in den Begleitungen des Wassers gehörig zu urtheilen, muß man diejenigen beobachten, die er ganz allein gemacht hat, und das kann man thun, ohne Blenheim *) zu verlassen; denn unterhalb der

*) Da Blenheim der einzige Platz ist, den ich mit Nahmen critisirt habe, so bin ich dem berühmten Besitzer desselben (welchen zu beleidigen, es mir aus vielen Gründen sehr leid seyn würde) wegen der Freyheit, die ich mir genommen habe, eine Vertheidigung schuldig. Ich weiß aber zuversichtlich, daß die edle Denkungsart, die von Natur mit jener Liebe und Kenntniß der freyen Künste, wodurch er sich so auszeichnet, vergesellschaftet ist, ihn wird fühlen lassen, daß es bey der Beurtheilung der neuern Gartenkunst nicht anständig für Brown gewesen seyn würde, sein berühmtestes Werk nicht zu erwähnen, und daß man ein Stillschweigen über diese Sache andern Ursachen, als der Delikatesse und Achtung zugeschrieben haben würde. Ich muß auch zu meiner Vertheidigung hinzusetzen, daß ich Blenheim schwerlich in dem Lichte eines gewöhnlichen Privateigenthums ansehen kann.

Drittes Kapitel. 221

Caskade ist alles seine Arbeit, und ein vollständigeres Stück von Eintönigkeit könnte man schwerlich selbst von seinen eignen Werken darstellen. Wenn er sich nicht mehr unter Schrubs und Sandgängen befand, so war der Gärtner ganz in Verlegenheit: da sein Geist nie durch das Studium der berühmten Landschaftsmahler auf ein erweitertes Studium der Natur vorbereitet worden war, und wenn er bey sich keine Erfindung, keine neue Hülfsquelle fand, so kopirte er ab, was er vornehmlich gesehn und bewundert — seine eignen Werkchen; und entwarf einen riesenmäßigen Sandgang in eben dem Geiste, als er ein Parterre vergrößert hatte; wenn er ausgegraben war, so füllte er ihn mit einem andern Element, nannte ihn einen Fluß, und glaubte, der vornehmste Fluß im Königreiche müßte auf einen solchen Nebenbuhler eifersüchtig seyn *).

es hat die ruhmwürdige und besondere Auszeichnung, eine Nationalbelohnung für wichtige Nationaldienste zu seyn, und das Publikum hat ein mehr als gemeines Interesse an allem, was ein so vortrefliches Denkmahl betrift.

*) Brown und seine Anhänger sind große Oekonomen in ihrer Erfindung: bey ihnen sind Spaziergänge, Fahrwege, Bäche und Flüsse gleichsam verwandelbare Werke — man trockne einen von ihren Flüssen aus, so ist es ein großer Gang oder Fahrweg — man überschwemme einen Spazier- oder Fahrweg, so ist es ein kleiner Bach oder Fluß — und die Begleitungen bleiben (wie das Schnarrwerk am Dudelsacke) immer dieselben.

Ein Bach wird wirklich nicht immer gedämmt; es wird ihm bisweilen (wiewohl selten) seine Freyheit gelassen; allein er wird, wie die Thiere, die der Eigenthümer herumlaufen läßt, durch Verstümmelung als Privateigenthum bezeichnet. Keine Operation bey Kunstanlagen hat so ein Ansehn von Grausamkeit, als wenn der bescheidene eingezogene Character eines Bachs zernichtet wird. Ich erinnere mich eines Paars burlesquer Verse über die Behandlung des Regulus von den Carthaginiensern, welche vollkommen die Wirkung dieser Operation beschreiben:

»Seine Augenlieder schunden sie, guter Gott! wie sah er starr!«

Gerade so martern diese Anleger einen Bach, indem sie ihn erweitern, seine schöne Franze weghauen, und ihn des Tages blendendem Auge aussetzen.

Wenn man Bäche, statt sie allemahl in regelmäßige Wasserstücke zu verwandeln, zuweilen theilweise, und zu verschiedenen Graden von Höhe hemmte, wo natürliche Betten und natürliche Ufer mit Bäumen und Dickigt, die über den Betten hiengen, zu sehen wären, so würde da eine Mischung und Aufeinanderfolge von ruhigem und laufendem Wasser, von geschwinder Bewegung und von hellem Wiederschein seyn.

Beschluß.

Ich habe nun die vornehmsten Punkte der neuern Gartenkunst durchgegangen; die Bemerkungen aber, die ich gemacht habe, betreffen fast ganz allein den Grund, und nicht das, was man eigentlich Garten nennen könnte *). Die Verschönerungen nahe beym Hause, und diejenigen Verzierungen, welche sich am besten mit der Architectur und mit jeder Art Gebäude vertragen, verdienen ein besonderes Kapitel, und vielleicht werde ich in einiger Zeit, sollte gegenwärtiges Werk günstig aufgenommen werden, diese Sache unternehmen.

Da die Gartenkunst, im weitläuftigsten Sinne, mit der Mahlerkunst wetteifert, und beynahe eine neue Mahlerschule gebildet hätte, so glaube ich gerechtfertigt zu seyn, daß ich ihre Operationen und Wirkungen mit denen der Kunst, mit welcher sie zu

---

*) Ein Mann, der am Geschmacke und Gefühl sowohl für die Kunst als Natur keinem etwas nachgibt, klagte gegen mich, daß die Operationen von Brown sich so weit ausdehnten; — »die vorigen Anleger,« sagte er, »blieben wenigstens nahe beym Wohnhause, dieser Mann aber kriecht wie eine Schnecke über die ganzen Gründe, und läßt überall, wo er geht, seinen verwünschten Schleim hinter sich zurück.«

wetteifern, ja ihre Lehrerin zu seyn vorgibt, in Vergleichung gestellt habe. Diese beyden Wetteiferer (die ich so sehr wünschte mit einander zu vereinigen) sind zeither durch ganz entgegengesetzte Grundsätze geleitet worden, und der Character ihrer Werke ist einander eben so entgegen gewesen; die kalte matte Eintönigkeit des neuen Lieblings aber hat bey vielen, ja sogar berühmten Männern, den Vorzug vor der geistvollen Mannichfaltigkeit ihrer ältern Schwester erhalten; wirklich ist sie durch diese hohe Gunst so aufgeblasen worden, daß sie kaum diese für ihre Verwandtin anzuerkennen würdigte, und hat sie sogar mit Verachtung behandelt. Auch haben diejenigen, welche ihrer Verhältnisse und Einflusses wegen am geschicktesten waren, zwischen beyden eine Vereinigung zu bewirken, vielmehr beygetragen, die eine in ihrer Eitelkeit zu erhalten und zu stärken, und den Bruch zu erweitern; denn ich hörte einmahl von einem großen Anleger die Idee für ganz ungereimt erklären, Plätze so als Gemälde in allen Graden zu beurtheilen, oder sie überhaupt mit einander zu vergleichen. Die edelste Rolle, die ein Mann in der Welt spielen kann, und die ihm am meisten die Achtung und Liebe der Menschen erwirbt, ist — Eintracht und Harmonie, wo er nur Gelegenheit hat, zu befördern: ich werde im gegenwärtigen Falle, wenn gleich ein Bruch zwischen diesen figürlichen Personen für die Gesellschaft nicht von so ernsthaften Folgen ist, doch kein geringes Vergnügen empfinden, und mir nicht wenig wissen, wenn ich in meinen Bemühunmühungen glücklich seyn sollte. Ich habe nach meinem besten Vermögen gezeigt, wie sehr es ihr wechselseitiges Interesse erfodert, herzlich und einig mit einander zu handeln, und habe alle Bewegungsgründe zu einer solchen Eintracht vorgestellt, und ich hoffe, daß die Vorurtheile, so tief sie auch eingewurzelt seyn mögen — so sehr sie auch von denjenigen, die bey der Trennung interessirt seyn können, vertheidigt und unterstützt werden, endlich weichen werden. Man dürfte mich vielleicht zu einem Friedensstifter etwas zu kaustisch und hitzig halten, und ich muß gestehen, „mein Eifer fließt warm und heftig von meiner Brust." Wenn man aber Krieg des Friedens wegen, so sehr man auch die Güte des Mittels in Zweifel ziehen dürfte, führen muß, so wird jedermann einräumen, daß man denselben standhaft und mit Macht fortsetzen muß, wenn er einmahl angefangen worden.

Ich bin niemahls mit Brown in Gesellschaft gewesen, habe ihn auch nicht von Person gekannt, und daher kann ich keinen persönlichen Haß auf ihn haben; ich habe aber unzählige Beyspiele von seinem Stolze und Despotismus gehört, und dergleichen hohe Anmaßungen scheinen mir wenig durch seine Werke sich rechtfertigen zu lassen. Stolz und gebieterisches Wesen, das, selbst, wenn es mit wahren Verdiensten und mit den vortreflichsten Talenten verbunden ist, Unwillen und Widersetzung erregt, macht sich lächerlich, (und verdient es mit Recht,) wenn es die Geburt eines kleinen beschränkten Geistes ist, der durch eine zeitliche Gunst übermüthig geworden.

Masons Gedicht über neuere Gartenkunst ist wirklich ein eben so unmittelbarer Angriff auf Browns System, als das, was ich geschrieben; er hat den Leser eben so stark vor der geschmacklosen Steifheit der Baumklumpen u. dergl. gesichert, und gleichfalls das Studium der Gemälde als die beste Anleitung für Anleger empfohlen; das Lob aber, das er Brown selbst (so sehr es auch im allgemeinen geschehen) ertheilt, hat die Wirkung eines so starken Gegengifts verdorben. Die meisten Menschen sind aus natürlicher Trägheit mehr geneigt, eine alte festgesetzte und approbirte Praxis nachzubilden, als die Mängel derselben zu verbessern, oder nach der Theorie eine neue zu bilden. Masons Lobrede hat daher Browns Praxis wirklich kräftiger bestätigt, als seine Lehrer und Vorschriften davor verwahrt haben. Dieses Lob ist aus einem sehr freundschaftlichen Bewegungsgrunde ertheilt worden — nehmlich damit man nicht dem Gefühl derjenigen zu nahe träte, mit denen er auf freundschaftlichen Fuß lebte, bey denen er sich oft aufhielt, und die Brown oft gebraucht und bewundert hatten. Stillschweigen würde in einem solchen Werke eine stillschweigende Verachtung gewesen seyn, und noch schlimmer wäre es gewesen, „ihn" durch ein schwaches Lob verachtet zu haben.

Beschluß.

Diese meine Vorstellung kann man vielleicht für unrichtig erklären, allein ich habe oft Mesons geschicktes Betragen in einer so delicaten Lage bewundert.

Man kann es vielleicht als eine Vermessenheit ansehn, daß ein Mensch, der sich noch nie durch eine Arbeit, die seinen Meinungen Ansehn verschaffen könnte, ausgezeichnet, so keck das, was Personen vom edelsten Geschmacke und Erziehung bewundert und ausgeübt haben, verwirft; allein die Macht der Mode und des Beyspiels ist allgemein bekannt, und es erfordert nicht wenig Geistesstärke und Vertrauen auf seine eignen Grundsätze, der allgemeinen Meinung und Praxis zuwider selbst zu denken und zu handeln. Ein Französischer Schriftsteller (ich kann mich nicht besinnen, welcher) wagt es, einen Zweifel zu äußern, ob nicht ein Baum, der mit allen seinen Zweigen frey und unangetastet im Winde sich hin und her bewegt, ein der Bewunderung würdigerer Gegenstand seyn möchte, als einer in den Gärten von Versailles, der zu einer Form geschnitten worden. Höchstwahrscheinlich waren die Bäume dieses kühnen Zweiflers in der Theorie eben so beschoren, als die Bäume seines Souverains.

Es ist gleichfalls wahrscheinlich, daß es manchem Engländer sehr wehe gethan, wenn Brown einen hübschen Forellenbach zu einem Wasserstück verbessert; und daß er manchmahl hernach, wenn er auf deſſen nackten Ufern ſpazieren ging, und durch das Blendende und Steife beleidigt wurde, den Gedanken gehabt, wie ſchön gefranzt dieſe ehemahls an ſeinem kleinen Bache waren, wie dieſer bald reißend über die Steine und Untiefen lief, bald in einem engern Bette ſich ſtill unter den überhangenden Zweigen fortſchlich. Er wird ſich mancher reichen natürlichen Baumgruppen erinnern, — die nun zu Baumklumpen gelichtet und gerundet ſind, mancher verſteckten und ſchattigen Plätze, welche ihm in ſeiner Kindheit lieb geweſen — die jetzt ganz offen und entblößt, ohne Schatten oder Mannichfaltigkeit ſind; und alle dieſe Aufopferungen ſind nicht ſeines Geſchmacks, ſondern des Geſchmacks der Zeit wegen und ſeinem natürlichen Gefühl zuwider geſchehen.

Mich dünkt, als wenn etwas von Patricismus in dem Lobe, das Walpole und Maſon der Engliſchen Gartenkunſt ertheilt haben, ſich befände, und dieſer Eifer für die Ehre ihres Vaterlandes hat ſie bey dem allgemeinen Blicke der Materie Fehler überſehen laſſen, die ſie ſelbſt verworfen hatten. Ich beſitze zuverſichtlich eine eben ſo warme Vaterlandsliebe, ſie hat aber eine ganz andere Wendung genommen; und ich bin ängſtlich darauf bedacht, mein Vaterland von dem Schimpfe zu befreyen, ein Syſtem zu verbreiten, das, ſollte es allgemein werden, das Antlitz von ganz Europa verunſtalten würde. Mein Wunſch iſt, daß eine edlere, freyere und er-

Beschluß.

weitertere Idee von Kunstanlagen herrschend werden möchte; daß statt der beschränkten mechanischen Praxis einiger weniger Gärtner, die vortreflichen und mannichfaltigen Werke der größten Mahler aus jedem Zeitalter und Lande, und derselben größten Lehrerin, der Natur, die großen Muster der Nachahmung werden möchten.

Machte der Geschmack für Zeichnen und Mahlen, und die Kenntniß der Grundsätze derselben einen Theil der Erziehung der vornehmern Stände aus; verbesserte ein jeder, statt daß er einen Anleger von Profession dingt, der seine Gründe nach einem festgesetzten Modell martert und quält, seinen Platz selbst nach den allgemeinen Entwürfen, die er aus der Natur und den Gemälden, oder von den Winken genommen, die ihm Lieblingsmahler oder Lieblingsparthien der Natur gegeben hätten, — so möchte mit der Zeit eine große Mannichfaltigkeit in den Stilen der Kunstanlagen, und jeder derselben von besondern Vorzügen seyn. Niemahls betrachteten zwey Mahler die Natur mit einerley Augen, sie zielten durch tausend verschiedene Wege auf einen Punkt, und das macht das Reißende bey einer Bekanntschaft mit ihren mannichfachen Arten von Entwurf und Ausführung aus; ein jeder aber von Browns Anhängern kann mit vieler Wahrheit sagen, wir haben unter uns nur Eine Idee.

Ich habe immer gehört, Hamilton, der Painshill geschaffen, hätte die Gemälde nicht allein studirt, sondern sie auch ausdrücklich zum Behuf der Verbesserung wirklicher Landschaften studirt. Der Platz, den er geschaffen, beweist völlig den Nutzen eines solchen Studiums. Es machte mir unter vielen Umständen von rührenderer Wirkung ein Spaziergang, welcher durch einen mit Gehölz eingefaßten Grund führt, ungemein Vergnügen; nicht das, was dabey geschehen, sondern das, was nicht geschehen, machte mir Vergnügen; er hatte keine Kanten, keine Borbirungen, keine deutliche Grenzlinien, nichts war geschehn, außer daß man den Grund gehörig sauber und nett, und die Communication von aller Hinderniß und Verbauung frey erhalten; das Auge und die Tritte wurden nicht in Schranken gehalten, und wenn es für einen Schriftsteller oder einen Mahler ein großes Lob ist, daß er weiß, wenn er aufhören muß, so ist dieses für einen Anleger ein nicht geringeres.

In einem Platze, der (wie ich glaube) von Kent angefangen und von Brown vollendet wurde, ist ein Gehölz von vielen alten Bäumen, die mit Epheu überzogen und mit Dickigt von Stechpalmen, Eibenbäumen und Dornsträuchen untermengt sind, ein Gehölz, das Rousseau à la reverie gewidmet haben würde, so von Gängen und grünen Alleen, die insgesammt kantig und borbirt sind, durchschnitten worden, daß man aus denselben nirgendwo kommen kann, sie verfahren so wie die Fliegenklatscher

Beschluß.

in Laputa, und wecken einen sogleich aus dem Traume, sich in die Einsamkeit zurückzuziehen. Die Bordirungen dieser Gänge (und dies ist ein sehr gewöhnlicher Fall,) sind so dick, und das übrige Gehölz so rauh, wild und ungeschlacht, daß es scheint, als wenn der Anleger gesagt hätte: „du sollst nie von meinen Gängen ausschweifen — nie deinen Geschmack und Urtheilskraft üben — nie deine Anordnungen bilden, weder deinem Auge, noch deinem Fuße soll es vergönnt seyn, von den Gränzen, die ich aufgesucht, ab- und weiter herum zu irren" — eine Art von Sclaverey, die sich nicht für ein freyes Land schickt.

Es ist in der That etwas despotisches in dem allgemeinen System der Kunst, Anlagen zu machen; alles muß licht und offen werden — alles, was hindert und verbauet, dem Erdboden gleich gemacht — Häuser, Obst=Küchengärten, alles nieder- und weggerissen werden. Die Mahlerkunst hingegen hat die Absicht, den Geist menschenfreundlicher zu machen: wenn ein Despot jeden, der in sein Gebiet kommt, für einen solchen hält, der sich seines Guths mit Gewalt bemächtigen will, und Bauerhütten und Fußsteige einreißen und allein regieren möchte, so betrachtet ein Liebhaber der Mahlerey die Wohnungen, die Einwohner und die Spuren ihres Verkehrs als Schmuck für eine Landschaft *).

*) Joshua Reynolds erzählte mir, daß, als er und Wilson der Landschaftsmahler in Richmond auf der

Beschluß.

Es gibt Seelen, die keines andern Bewegungsgrundes, die Menschlichkeit zu ehren, bedürfen, als dessen, was innerlich vorgeht. Und bey der Gelegenheit kann ich nicht widerstehen, dem Andenken eines geliebten Onkels einen Tribut zu entrichten, und seine wohlwollende Gesinnung gegen alle Einwohner um ihn herum aufzuzeichnen, die auf mich von der frühesten Kindheit an Eindruck machte, ein Eindruck, den ich immer bey mir zu erhalten wünsche. Es schien, als wenn er seine weitläuftigen Gänge eben so sehr für diese, als für sich hätte machen lassen, sie bedienten sich derselben so frey, und ihre Freude war seine Freude. Das Dorf trug eben so starke Merkmahle von seiner und seines Bruders Sorge (denn in dieser Rücksicht schienen sie nur Eine Denkungsart zu haben,) für die Erquickungen und Freuden der Bewohner desselben an sich. Dergleichen sorgsame Leutseligkeit wird durch eine liebreiche Achtung und Ehrerbietung höchlich erwiedert, und wäre sie durchgängig im ganzen Königreiche, so würde sie ungleich mehr ausrichten, uns vor demo-

Terrasse standen, Wilson auf eine besondere Stelle gezeigt, und, um sein Auge darauf zu richten, gesagt hatte, »dort bey jenen Häusern — dort, wo die Figuren sind.« — Ob ich gleich ein Mahler war, sagte Joshua, so war ich doch verlegen; ich glaubte, er meynte Statuen, und sahe auf die Spitzen der Häuser, weil ich anfänglich nicht merkte, daß die Manns- und Weibspersonen, die wir deutlich herum spaziren sahen, von ihm allein für Figuren in einer Landschaft gehalten würden.

Beschluß.

kratischen Meinungen zu schützen, als zwanzigtausend wohlgerüstete bewährte Soldaten.

Das fröhliche Wesen dieser von mir erwähnten Scenen und alle die interessanten Umstände, die es begleiten, (die von denen der einsamen Größe so verschieden sind,) haben mich überzeugt, daß derjenige, der Wohnungen, Gärten und Einzäunungen bloß der Ausdehnung und der Parade des Eigenthums halber zerstört, nur die Gränzen der Eintönigkeit, und gräulichen Eigenliebe und Stolzes ausdehnet, die der Mannichfaltigkeit aber, Unterhaltung und Menschlichkeit verengert.

Es ist mir, ich gestehe es, auffallend, daß in einem Zeitalter und in einem Lande, wo die Künste so blühen, nur ein einziger Plan, (und zwar nur ein mittelmäßiger,) so allgemein angenommen worden; und daß nicht zuweilen die Liebe zum Sonderbaren diese Methode, allen Unterschied aufzuheben, alle Plätze einander gleich, alles sowohl kahl als geschmacklos zu machen, unterbrochen hat.

Wenige Menschen sind so glücklich gewesen, daß sie niemahls den wahren Prosaisten gesehn oder gehört hätten, welcher mit einerley ruhigen Mine lächelt, und seine fließenden alltäglichen Undinge mit einerley gleichtönigen Stimme deutlich hersagt: er ist das wahre Sinnbild der geschlängelten Gänge, Gürtel und Flüsse, und aller Werke von Brown. Sie sind, wie er, glatt, fließend, eben, deutlich und kenntlich, und machen, wie er, die Seele ganz müde *).

*) Die Sprache, (wenn man es so nennen kann,) wodurch die Gegenstände des Gesichts sich verständlich machen, hat genaue Aehnlichkeit mit der Redesprache. Einem, der gewohnt ist, die Natur, die Gemälde oder Zeichnungen mit einem Mahlerauge zu betrachten, gibt der geringste Wink bey dem geringsten Anblick einen völligen und deutlichen Verstand, gerade so, wie der geringste Ton bey der nachlässigsten Artikulation einem Ohre, das mit der Sprache des Redenden wohl bekannt ist, den Verstand zuführt: wer aber in dieser Sprache nicht recht geübt ist, dem ist ein solcher Ton ganz unverständlich; für ihn muß jedes Wort deutlich und artikulirt ausgesprochen werden.

Da ferner diese geringen Winke und geschlauderten Artikulationen in der Sprache oft Grazie und Leben haben, welches, wenn die Worte deutlich ausgesprochen werden, verloren geht, eben so gewähren viele von den geringen und ausdrucksvollen Zügen sowohl in der Kunst, als in der Natur denen, die mit dieser Sprache durchaus bekannt sind, das größte Vergnügen. Das kann vielleicht der Grund von den deutlich bezeichneten Unterscheidungen bey Kunstanlagen seyn; denn so wie man einem Menschen, der der Sprache in der einen Bedeutung ungewohnt ist, jedes Wort bezeichnen muß, wenn man ihm einen Begriff beybringen will, eben so muß man demjenigen, der der Sprache in der andern Bedeutung nicht gewohnt ist, jeden Gegenstand bezeichnen, man muß scharfe Linien schneiden, weiß, roth, schwarz u. s. w. machen.

Beschluß.

Es gibt ein ganz anderes und viel selteneres Wesen, und das schwerlich von der nehmlichen Gattung zu seyn scheint, das voller unerwarteter Wendungen, — voller Lichtstrahlen ist: die gewöhnlichsten Gegenstände werden von denselben in so sonderbare, aber doch natürliche Gesichtspunkte gestellt — es bringt so unerwartete Uebereinstimmungen und Contraste hervor — solche Verbindungen, die so wenig vorkommen, aber doch nie gezwungen oder unnatürlich sind, daß die Aufmerksamkeit nicht erschlaffen kann, sondern wegen des Vergnügens über das, was da gewesen, ist man begierig auf das, was kommen wird. Das ist das wahre Mahlerische, und man kann das Eigenthümliche dieses Ausdrucks am besten einsehen, wenn man auf das Achtung gibt, was dem Schönen im Umgange entspricht. Wie ganz anders ist die Wirkung von jenem sanften schmeichlerischen Stile, von jenen sanften Uebergängen, welche, ohne zu blenden oder in Erstaunen zu setzen, ein zunehmendes Interesse behalten, und sich nach und nach des Herzens bemeistern.

Man darf nur etwas Empfindsamkeit und etwas Beobachtungsgeist haben, um das, was wirklich schön und interessant ist, von dem bloß glatten, fließenden und geschmacklosen zu unterscheiden, und dem erstern einen entschiedenen Vorzug zu geben; nicht so gewöhnlich ist es, einen wahren Geschmack an mahlerischer Scenerie zu haben, und selbst an geschwinden lebhaften Wendungen und Verwickelungen der Conversation finden nicht alle Wohlgefallen. Ich habe manchmahl einen Prosaisten in der Gesellschaft eines Mannes von einer feurigen lebhaften Einbildungskraft ganz bestürzt und verlassen gesehn; er schien „vom Uebermaß des Lichts geblendet zu seyn," und seine stumpfen schläfrigen Fähigkeiten schienen ganz unvermögend zu seyn, mit ihm gleichen Schritt zu halten: ich habe hernachmahls den nehmlichen Menschen sich genau an einen seiner Brüder von Prosaisten schließen sehen, und die beyden Schnecken wandelten so ruhig und vergnügt über ihren Schleim fort, daß sie von dem, was sie gehört, keinen größern Eindruck des Vergnügens oder Neides zu empfinden schienen, als man von einer wirklichen Schnecke vermuthen kann, daß sie bey den hurtigen Sätzen und Sprüngen eines Hirsches oder eines sehr hitzigen Rennpferdes empfindet.

Das ist genau mit jenem praktischen Prosaisten, dem Anleger, der Fall: man führe ihn zu einer bloß mahlerischen Scene, so wird er durch die Mannichfaltigkeit und Verwickelung derselben ganz verwirrt und außer sich gesetzt, da er für deren Reitze weder Geschmack noch Sinn hat; und verlangt zwischen seinen Baumklumpen zu kriechen, und in der Wendung eines Sandganges über den zehnten Theil eines Zolls zu debattiren. Die Masse der Anleger scheinen zu vergessen, daß wir uns von andern Thieren

Beschluß.

dadurch unterscheiden, daß wir (wie Milton es beschreibt,) „als weit edlere Geschöpfe von aufgerichtetem Gesichte sind;" sie gehen herum „mit einem bleyernen Auge, das gern auf den Erdboden sieht," und sind beständig mit Wendungen und Schwingungen, mit Manoeuvriren der Pfähle so beschäftigt, daß sie niemahls eine Idee von den ersten Anfangsgründen der Zusammensetzung erlangen.

Ein solches mechanisches System von Operationen verdient kaum den Nahmen einer Kunst. Es gibt wirklich in allen Sprachen gewisse Wörter, die in einem guten und bösen Verstande gebraucht werden, dergleichen sind zum Beyspiel Einfalt oder Einfachheit, und einfältig oder einfach, Kunst und künstlich, womit wir eben so oft unsere Verachtung als Bewunderung ausdrücken. Ich glaube, daß das Wort Kunst, wenn man es in Absicht auf Plan oder Anordnung im guten Verstande braucht, die Idee von einem Grad von Erfindung — von Angabe, die nicht gemein ist — von etwas, das Erwartung erregt — das sich, und zwar mit gutem Erfolge von dem unterscheidet, was man sich erinnert vorher gesehn zu haben, der Seele beybringen will. In Absicht auf die Kunst, Anlagen zu machen, würde ich das allein Kunst im guten Verstande nennen, das sich damit beschäftiget, daß es von den unendlichen Mannichfaltigkeiten des Zufalls (den man gemeiniglich im Gegensatze dessen, was man Kunst heißt, Natur nennt,) solche Umstände aufsammlet, die man auf eine glückliche Art nach den wirklichen Capabilitäten oder Fähigkeiten des zu verbessernden Platzes anbringen kann. Dies haben eben die Mahler in ihrer Kunst gethan, und daher kommts, daß viele von diesen glücklichen Zufälligkeiten, die sie stark angegeben und kenntlich gemacht haben, mahlerisch genennt werden.

Derjenige wird daher, nach meinem Urtheile, die meiste Kunst in Verbesserung und Verschönerung beweisen, der die größte Mannichfaltigkeit der Gemälde, — solcher verschiedener Zusammensetzungen, als die Mahler am wenigsten geändert wissen wollen, läßt (ein wesentlicher Punkt) oder hervorbringt, aber nicht der, welcher mit der allgemeinen Wegräumung und Glattmachung sein Werk anfängt, das heißt, mit Zerstörung aller jener Zufälligkeiten, wodurch man so große Vortheile hätte erhalten können, die aber hernach die erleuchtetste und erfahrenste Kunst nie wieder zu ersetzen hoffen kann.

Wenn ich höre, wie viel man an einem Platze von großer Ausdehnung durch die Kunst gethan — wo an keiner Stelle, wo diese Kunst geschäftig gewesen, ein Mahler sein Skizzenbuch herausnehmen würde; wenn ich die kränkelnde Darstellung dieser Kunst, so wie sie ist, und den gänzlichen Mangel an Wirkung sehe: so gerathe ich in Versuchung, den

Beschluß.

Sinn jenes berühmten Verses aus dem Tasso umzukehren, und von dergleichen Arbeiten zu sagen:

L'arte che nulla sa, tutta si scuopre *).

indem er sich nicht das Ansehn gibt, als wolle er ihn leiten, sondern neue Gegenden mit ihm aufsuchen.

Eben so sollte der Anleger die Mittel, an die rührendsten Stellen zu gelangen, erleichtern, aber selten den Zuschauer auf einen einzigen Weg — auf einen einzigen Punkt hinzwingen, und sogar, wo möglich, es verbergen, daß er überhaupt einen Gang angelegt. Wir fühlen von Natur selbst bey Kleinigkeiten eine Widersetzung gegen Despotismus, und wir sind niemahls so innig vergnügt, als wenn wir uns frey, ungezwungen und nicht geleitet glauben,

---

*) Kein Vers ist allgemein bekannter, als dieser:

L'arte che tutta sa nulla si scuopre;

und keine Vorschrift so durchgängig angenommen; gleichwohl darf sie nicht zu genau in allen Fällen befolgt werden.

Nahe beym Wohnhause sollte künstliche Scenerie in Verhältniß gegen den Stil und Character des Gebäudes Statt finden; und ein Hauptfehler der neuern Gärten (im beschränkten Sinne des Worts,) ist ein gewisses Streben nach Einfachheit und Schlichtheit, das sich mit dem Reichthum und der Pracht der architectonischen Verzierungen nicht verträgt. An andern Stellen sollte die Vorschrift ihre völlige Kraft haben, und der Anleger sich, wie ein verständiger Anleger verbergen, der die Einbildungskraft bey seinem Leser in Thätigkeit setzt.

und selbst die Entdeckung gemacht haben. Homer erscheint selten in eigner Person, aber Fielding, und bisweilen auf eine prahlerische Art: mitten unter allen seinen Schönheiten (und kein Schriftsteller hat deren mehrere,) ist es ein auffallender Fehler.

Ende des zweiten Theils.

www.ingramcontent.com/pod-product-compliance
Lightning Source LLC
Chambersburg PA
CBHW021402230426
43666CB00006B/611